妈祖像展示

湄洲文化节妈祖像

湄洲贤良港妈祖阁妈祖像

湄洲岛天后宫妈祖像

福州船政天后宫妈祖像

福州三坊七巷妈祖像

深圳赤湾天后宫妈祖像

广州南沙天后宫妈祖像

锦州天后宫妈祖像

海南比干妈祖庙妈祖像

台湾新港奉天宫开台妈祖像

越南胡志明市天后宫妈祖像

马来西亚天后宫妈祖像

龙岩武平县桂坑天后宫妈祖像

龙岩武平县湘坑天后宫妈祖像

莆田贤良港妈祖阁妈祖像

深圳赤湾天后宫妈祖像

广东汕尾大德港妈祖像

广东广州南沙妈祖像

天津滨海妈祖像

天津古文化街妈祖像

山东烟台长岛妈祖像

厦门园博园妈祖像

龙岩连城天后宫妈祖像

湄洲岛妈祖像

湄洲妈祖像

林默娘公园林默娘像

江苏泗阳妈祖文化园二面妈祖像（如意面）

澳门氹仔妈祖像

妈祖庙选萃

武平县小澜天后宫

武平县湘坑天后宫

武平县湘里天后宫

长汀县天后宫

连城县莒溪天后宫

连城县罗坊天后宫

上杭县官庄天后宫

上杭县南阳黄坊天后宫

永定区西坡天后宫

泉州天后宫

漳浦乌石天后宫

福州三坊七巷天后宫之一

福州三坊七巷天后宫之二

福州船政天后宫

莆田湄洲岛妈祖庙

莆田贤良港妈祖故里

三明古雷天后宫

湖南芷江天后宫

惠州天后宫

天津天后宫

台儿庄天后宫

深圳赤湾天后宫

广州南沙天后宫

海南比干妈祖庙

澳门妈祖阁

澳门天后宫

台湾鹿耳门天后宫

台湾新港奉天宫

台湾安平天后宫

台湾澎湖天后宫

台湾北港朝天宫

吉隆坡天后宫

山乡的妈祖

林善珂 主编

九州出版社 JIUZHOUPRESS | 全国百佳图书出版单位

图书在版编目（CIP）数据

山乡的妈祖 / 林善珂主编. -- 北京 : 九州出版社,
2021.6
ISBN 978-7-5225-0083-6

Ⅰ. ①山… Ⅱ. ①林… Ⅲ. ①神－文化研究－武平县
Ⅳ. ①B933

中国版本图书馆CIP数据核字(2021)第104789号

山乡的妈祖

作　　者	林善珂　主编
出版发行	九州出版社
责任编辑	古秋建
地　　址	北京市西城区阜外大街甲 35 号（100037）
发行电话	(010)68992190/3/5/6
网　　址	www.jiuzhoupress.com
电子信箱	jiuzhou@jiuzhoupress.com
印　　刷	三河市九洲财鑫印刷有限公司
开　　本	710 毫米 ×1000 毫米　16 开
印　　张	20
字　　数	264 千字
版　　次	2021 年 7 月第 1 版
印　　次	2021 年 7 月第 1 次印刷
书　　号	ISBN 978-7-5225-0083-6
定　　价	79.00 元

鸣 谢

何华真、王芳夫妇

黄玲玲女士

林彪祥先生

吴天文先生

刘翱先生

编辑委员会

序

林善珂

全球知名的妈祖（据统计，全球有四十多个国家有妈祖信仰）本是海神，后来演绎成江河湖泊的航行保护神，是谓水神。明末清初，这一信仰传入吾县，小河小溪或村庄水口建了一百多座妈祖神庙，水神又演绎成山神。再后来吾邑百姓又赋予了女神更多神祇之功能，女神演绎成为万能神。

据考，古代吾邑百姓普遍信仰妈祖女神的原因：一是因吾邑的山区形势，谋生更为艰险。因为山多田少，人们要更多地依赖山林寻找生路，再加上豺狼虎豹毒蛇猛兽的威胁，所以要寻找超自然的神力保护。二是在科技落后的古代，妇女在生育时会经历更多痛苦，因此比男子更加迷信神力，又更加依赖同性女神的保护，因此道教的妈祖，有更多的女性信众。再加上邑中客家妇女在家庭中的地位比较高，对子女和丈夫的影响也大，因此在信仰上对子女和丈夫的影响也大。三是相传妈祖女神姓林，古代邑中林姓排第三位，他们又把妈祖演绎为家族保护神，因此，由林姓家族及外嫁女组成的信众就很普遍了。

为了保存我县历史悠久的信俗文化，弘扬妈祖女神慈悲大爱的情怀，我们组织编写了这册小书，力求在保存本县历史、文化与信俗的基础上，为加强本县的精神文明建设尽一份微薄之力。

运笔至此，我们要感谢县里几位领导的支持与鼓励；感谢几位旅外优秀乡贤的鼎力资助；感谢本书诸位作者成就篇章的努力；我们还要对搜集、提供文字、图片资料者表示特别的敬意、谢意和歉意！

受时间、精力所限，本书难免存在史料、考据等方面的不足，敬请读者不吝赐教，再版时改正。

目\录

文物分布

传说故事

信俗评论

源远流长

附录

文物分布

山乡妈祖

——武东太平山寺

◎林锦华

太平山妈祖庙坐落于武平梁野山国家级自然保护区的南麓，地处武东镇袁田村一个叫坑苲的地方。庙宇的建筑风格极具客家特色，规模不大，分为上、下厅堂，上厅有左右厢房，中间为长方形天井，利于通风采光，上厅正中供奉着一尊木塑镀金妈祖娘娘神像。庙的大门前有一块不大的石坪，还有一方放生池。庙门两侧有对联“发迹莆田瞻兴化，显灵坑苲仰太平”，既追溯了妈祖信仰的渊源，又凸显了妈祖在当地施惠的功德。庙宇两侧建有平房、“梦仙楼”和女堂等，可供善男信女宿憩。庙宇四周群山环抱，山上苍松翠竹，风光无限，景色宜人。太平山妈祖庙声名远扬闽粤赣三省边界，香火鼎盛，游客如织。

武东镇袁田村太平山寺

此妈祖庙建在山上，俗称“山乡妈祖”，这是袁田太平山妈祖庙的一个特色。妈祖本为海神，虽在元末明初就随着移民和商人传入闽粤赣山区，但一般会把“天后宫”“妈祖庙”建在江河湖泊岸边或村庄溪流的出口处，即客家人称为“水口”的地方。据祖辈传说及族谱记载，袁田村莆岗下林氏十二世祖林奇卿，明崇祯初年曾在莆田湄洲岛一带经商，见岛上“天妃庙”（即天上圣母庙）香火鼎盛，返乡时便迎回香火，在村庄南边小溪（当地人叫南山溪）的山坡上奉祀，后人将此地改称“庙前”。附近百姓得知此乃千里之外带回的香火，是被皇帝敕封为“天后娘娘”“天上圣母”的女神，好生敬仰，朝拜者日众。

传说有一日，妈祖娘娘托梦一信士，说需重新择地建庙。林奇卿等多次召集众人商议选址建庙。后众人商定在妈祖神像面前烧纸，纸灰飘到哪里，就在哪里建造新庙。于是，众人拿来一叠土纸焚烧，一团纸灰随风飘起，落在了坑苧的山上。此地与村庄相隔约 2.5 公里，且海拔超过 200 米以上，纸灰如何飘落于此？众人在惊奇之余，发现此地确系风水宝地，属“飞天凤形”。连绵的山峰犹如一只展翅飞翔的凤鸟，朝梁野山顶峰翱翔。庙宇建在凤鸟的“尾椎穴”上，建成后，在正厅妈祖神像的左右两侧各安放巨石一块，形若古篆体的“日”“月”两字，颇为奇特。庙宇的大门面朝太阳升起的东方，视野开阔，天气晴朗时，隐约可见远处上杭县名山——紫金山。

关于“太平山”名称的来历：据传，在建庙前，此处名叫“大坪崀上”。庙宇建成后，为取名问题多次商议未果。妈祖菩萨指点迷津，在原地名“大坪崀上”，按照“大”字加一点，“坪”字去半边，“崀”字取上部，“上”字全删除，更名为“太平山”，也为寺庙名。既保留了原地名的印迹，也契合妈祖菩萨护佑施惠百姓的宗旨。至清代，武平县正堂又敕石晓谕：太平山周边树木留为荫护神灵之用，不准砍伐。太平山遂声名远扬。

经过历代的修建整理，太平山如今已成为旅游胜地。从武平县城出发，经古武高速或 309 省道、205 国道，再转入县道高林公路，全程约 34 公里，从袁田村石桥头攀爬山路2.5公里到达太平山。所过均为石砌大路，景色亦佳，至今尚存石砌拱桥、社公庙、麟趾迹印的“仙人骑牛王”等古迹，有树木荫郁花香鸟语的晓山胜景，有供游人小憩乘凉的小亭。亭曰旭照亭，亭前对联曰：“到门已识名山近，入座咸欣煮茗佳。”亭内又有联曰：“暑日来时渴烦可解，长途到此风雨无惊。”听长辈们讲，以前常年有专人在此施茶。攀登上雄奇峻峭的险道梯子岭后，即可远眺巍峨挺拔的梁野山和状若飞凤的太平山，顿觉心旷神怡。20世纪90年代末，为满足旅游业和交通发展需要，山下铺设了一条宽阔平坦的水泥路直达庙前。沿途路面原本铺的是石板，因年久失修而残破不堪，故仅保留了庙宇前约1公里的原石砌路面。

近日获悉，龙岩市民宗局将太平山寺确定为民间信仰活动场所，武东镇也将太平山列入旅游发展建设规划，并成立了太平山妈祖文化保护管理委员会。武平县也成立了妈祖历史文化研究会。我们相信，在不久的将来，一个全新的太平山寺将展现在四面八方的来客面前。

武东陈埔水口宫圣母妈祖庙

◎饶稳祥

武平县武东镇集镇所在地陈埔村，古称“陈坑村”，是个古老美丽的村庄，有许多历史文化古迹和美丽传说，其中妈祖水口宫就是具有300多年历史的文化遗迹之一。庙宇坐落在陈埔村东南，这里是溪水出村的地方。整个妈祖水口宫占地约4000平方米，松柏成荫，空气清新，环境幽美。庙宇坐南朝北，金色泥鳅脊琉璃瓦顶，重檐翘角，巍峨壮观。殿内供奉的妈祖神像，泥塑涂金，锦袍凤冠，秀眉明眸，宝相庄严地望着前方的溪流、田野和村庄。

陈埔水口宫圣母妈祖庙

水口宫圣母妈祖像

根据民间传说、武平县志和陈埔村姓氏族谱可知，陈埔村水口宫的妈祖信仰，大概是在清康熙癸巳年（1713）由德化传来的。传说是这一年春节过后，陈埔村饶氏喜候公恩授德化知县，先是州府的使者来到饶府报喜，随后是德化各界代表来迎接新知县赴任，饶府一时喜气盈门。在这几位迎接知县赴任的人中，有位手持香火、胸前挂着妈祖画像的长者。他也姓饶，名兴福，是德化万家庄的乡贤代表，也是妈祖的信仰者和传播者。他来陈埔村，除了迎接知县赴任外，还有一个使命，就是要分灵妈祖文化到新知县的家乡。

当时房长叔公们告诉迎接知县赴任的众人，说村子不知何时何事得罪了哪条蛟龙或水魔，每隔十一二年，就会遭受一次洪灾。仙人桥、四驳桥、连径桥和罗墩桥等七八座大小桥梁和低洼房屋常被洪水冲毁。特别是每次洪灾，都发生在早稻抽穗扬花时节，溪流两岸千亩稻田被淹。洪灾过后，疫病和饥荒便接踵而来，村民苦不堪言！

兴福长者听后说，妈祖是海神，若为其修建庙宇，诚心供奉，可解水患、疫病和饥荒。言毕，便带大家沿着溪边小径来到溪水出村的水口边。兴福长者望着不尽溪流滚滚而去，传说这时他手中的香火突然开花，于是他对大家说：“妈祖宫就建在这水口边吧！”

大家回村后，房长叔公们就商议筹措修建资金，一致同意由各房各脉的公尝田租按比例出资，信众自愿捐助，不摊派，不强迫。由于资金充足，妈祖神像于同年农历九月初九完成，妈祖庙也在同年农历十二月竣工。于第二年，即清康熙甲午年（1714）农历正月十五，在饶氏宗祠举行了妈祖塑像付神开光盛典，第二天，也就是正月十六，全村村民和宾客迎妈祖女神入宫，并举行了隆重的仪式。

传说，庆典结束后各房各脉为如何管理庙宇而各持己见、争论不休。就在这时，一位年纪五十上下、芒鞋破钵的行僧，来到妈祖庙讨水喝。房长叔公热情地接待了他，不仅献茶，还准备了斋饭。行僧拿出一沓书稿给房长，并说："这是妈祖宫28首谶词，可为香客求神之用。"后来，大家一致推由戴云长老主持妈祖宫事务。

光阴飞逝，不知不觉间到了梅雨季，戴云长老已主持妈祖庙三个多月。相传，有一天深夜，一位熬夜赶制鞭炮的村民发现，一盏灯从妈祖庙前沿着溪岸逆流而行，不久后消失在茫茫夜雨中。起初，这位村民还以为是布网渔翁的灯光，没有放在心上，但一连几个深夜都是如此，有时灯光沿着大溪向西而去，有时灯光横飞溪面，然后沿着小溪朝北而行。一传十，十传百，没过几天，全村人都知道了。

有人说，住在溪边的养鸭人晚上壮着胆子将窗户打开一条缝隙，对着缝隙等待那盏灯光的出现，竟真的等到了灯光，然而到了第二天深夜，那灯光却不再出现了。

房长叔公们早早来找戴云长老。长老净手更衣，烧香诵经，叩拜妈祖，然后告诉房长叔公们说，昨夜梦中，妈祖女神说了三句谶语：

蛟龙肆虐三大坝（意即洪水来临之前，先把三大坝开闸放水）

山脚鳗塘兵马派（意即山洪暴发前，把15口鳗塘的水放掉）

切记莫负溪流债（意即疏浚溪流沟道，降低河床，防止水患）

房长叔公们听了，无不合掌叩头，感谢提点。当月村庄就制定了村规民约，教谕村民知晓执行。又在当年冬闲时，将村民组织起来，修缮塘堤坝闸，清除鳗塘淤泥杂草，疏浚溪流沟道，预防水患。第二年农历四月，梅雨长达一月之久，接着又连降五天五夜暴雨，引发山洪，不少村庄都遭受洪水灾害，然而陈埔村却安然度过。

从此，妈祖宫香火越来越旺，信众越来越多。

晨钟暮鼓，妈祖水口宫，至今经历了300多年的风雨沧桑。起初由戴云长老主持宫事，他110岁时圆寂，共主持宫事60年。长老为村庄防洪抗疫等，做了许多好事，令人怀念。之后，由各房各脉轮流主持宫事，坚持了为民做好事的传统，并定下每年农历正月十五打醮朝拜妈祖的习俗。

新中国成立之初，妈祖水口宫作为历史文物曾受到保护。后因受到破除迷信的影响，遭到一定程度的损坏。20 世纪 80 年代开始，特别是政府号召建设美丽乡村以来，乡村历史文化得到重视，历史文化古迹也受到保护，信众又慷慨捐资，妈祖水口宫得到了逐步修缮。

妈祖来到“求福山”

◎吴子荣

客家人称妈祖为“妈祖太太”，也有人称其“天上圣母”。在我们家乡，每逢农历初一、十五及民间节庆日，信众都要到武东袁田太平山的妈祖庙去敬香朝拜，祈求平安吉祥、风调雨顺、五谷丰登。妈祖，被视为保护神。

妈祖太太，又称“天妃”“天后”等，是民间信众对妈祖的尊称。妈祖自幼聪明，过目成诵，性喜礼佛，孝顺父母，友爱兄姊，相传十六岁时于井中得铜符，始屡扶危解厄，备受乡里景仰。妈祖先天有佛缘，受教于儒门，得道于道家，集三教之精神，以慈悲之真理，济世救人，普度众生。其精神伟大，其意义崇高，故能历久弥盛，引世人崇拜。我们三峙村村民都非常信仰妈祖，每年的打醮盛日，都必须提前去太平山将妈祖接来奉斋敬香。到时，几个壮汉会身穿礼服用仙蓬轿扛着妈祖太太到各村游行。家家户户门口都摆上三牲斋果，善男信女们穿着干净的衣服，虔诚恭敬地放鞭炮迎接妈祖。年复一年，岁岁如此。

后来，村里的老人提议，既然每年都要到太平山请妈祖，但又总是有点困难，何不选一块好地建一座“太太庙”。1999年春，几位热心人士牵头召开了一次善男信女的会议，商议筹措资金和选择庙址，大家一致认为“太太庙”应该建在蕉坑里。修庙资金主要由本村信众捐助，后来，十里八村的信众也捐助了不少资金。

按照常规，修庙之前要先请示神明，请示仪式包括烧香祈祷、跌筶子等。结果是筶子显示胜筶，胜筶意为神明同意兴建，于是信众们择吉日开始开土动工。大家有钱出钱，有力出力，半年后太太庙建成了。

同年农历十月初七，“太太”上座了。

这一天太太庙里锣鼓喧天、鞭炮齐鸣、香烟袅袅，十里八村的善男信女闻讯而来，聚集在一起敬香拜佛。开光、入福藏、穿神衣等等，一系列的拜佛上座流程秩序井然、有条不紊。

信众拜毕，大家商量给这新建的“太太庙”取个名，各抒己见后，一致赞同以“求福山”为此庙名。信众们在“太太”面前求筶，结果为胜筶。从此，“求福山”成了附近百姓祈求平安的地方，给予人们精神支撑。

除了农历每个月的初一、十五，初十也是诸方信众诚拜的日子。每年的正月初十，是信众们起福（意为产生或得到福祉）的日子。这一天，大家敬香拜佛，求签测运，祈祷新的一年平平安安、风调雨顺；腊月初十是圆福，香客们感谢妈祖太太一年的保佑，许了愿的会来还愿，人数很多，光中午在此吃斋饭的就有四五十桌人，可见妈祖受到很多人的崇拜与敬仰。

妈祖庙正堂上有一副对联：“为恶必灭为恶不灭祖宗有余德德尽乃灭，为善必昌为善不昌祖宗有余殃殃尽乃昌。”在这世上，只要有一颗虔诚善良的心，人人诸恶莫做，众善奉行，社会一定安定和乐。

忆六甲三芳的妈祖庙

◎温正恭

六甲三芳的妈祖庙，建于何年，已不可考。据传，该庙之立，应在明万历年间温氏祖先在六甲大坑里开基创业之后。三芳妈祖庙坐落于大坑里溪东、溪西两村西南的水口处，位于田迳村之西北角。庙宇坐西向东，高临清溪，往下数十米为溪流。此庙建筑独具特色：一半建在溪岸高处，一半悬空。庙宇大殿耸立于溪岸，泥墙为赭红色，琉璃瓦覆盖圆圆的庙顶，庙顶正中立一葫芦状盖尖。大殿的前厅，则是凌空而建，全是木质结构，由十几根立在峭岩上的粗木柱支撑，很像我国西南地区少数民族的吊脚楼——由木地板、木柱、雕花木窗棂结构而成。站立厅中，可听见崖下溪流的哗哗声。推开窗户，绿意扑面而来：东面是苍翠青山；北面为温姓两大村落溪东、溪西村，一条清溪自两村间奔突；西南向则见清溪环绕而来穿过石拱桥流向田迳村前的开阔平野。若于厅中小憩，听水声，观山景，心灵能得到远隔尘嚣的安宁。溪流在庙宇下方汇成一泓宽约半亩、深可数丈的深潭。潭之东西两侧由岸及底全是光滑的石块；庙宇之下，潭之岸边植着几十株巨松、水杉，枝繁叶茂，气象森森。若由对岸回望，庙宇隐于树梢之间，而潭水则因浓荫掩蔽，少见阳光，冷浸浸的，清洌异常。夏日炎炎，这里正是三村少年游泳的好去处。

妈祖娘娘的金身安置于大殿的正中。时逢年节或农历初一、十五，三村百姓多往庙中进香。每年农历三月二十三妈祖生日，还有农历十月十七、十九传统的打醮日更是三村百姓的热闹日子。在打醮日，妈祖娘娘则从庙中被迎至各村祠堂设坛，家家户户按客家风俗做米饭、豆腐去祠里烧香上供。打醮日也是亲戚朋友相互往来欢聚的快乐日子。记得幼时，我也曾随长辈去庙里拜过妈祖娘娘。庙中没有狰狞的十八罗汉，香烟缭绕中一片清静、庄严、肃穆，虽是小孩子，也并没有觉得害怕。其时年幼，于神佛之事知之甚少，只是在孩童的眼中，高坐于神坛上的妈祖娘娘金袍锦衣、慈眉秀目、端庄可亲，因而长辈执香鞠躬，自己也跟着鞠躬；长辈伏地膜拜，自己也学样膜拜。自从去县城读中学后，就没什么机会跟随长辈至妈祖庙中敬香了。

三芳妈祖庙也历经沧桑，20 世纪 50 年代初，有人去三芳妈祖庙捣乱。据说，他们将妈祖菩萨推倒，将塑像破坏，取走了当中的海马、金器。半年之后，溪东村的村民将妈祖像抬回村中，匿于僻静人家。1962 年又替妈祖神像装饰金身。三村百姓进香依旧。1966 年，妈祖神像又复遭劫。

我求学谋生于异地，一别家乡二十余年，也不知道六甲三芳的妈祖庙毁于何时。然妈祖娘娘导人从善的和蔼形象，却深植于六甲地区黎民百姓的心坎里，当地百姓的心中也永存着对妈祖娘娘的敬仰。

武东镇张畲村阳鸟山妈祖庙拾遗

◎朱金昌

古道古庙

春来鸟语花香，夏到明媚清新，秋至天高云淡，冬临岁寒三友，武东镇张畲村阳鸟山妈祖庙就掩映在这片丛林翠竹中。庙前是上杭村经陈埔村、东兴村、张畲村，通往武平县城的石砌古道。古道宽约2米，中间铺的是长方形条石，一年四季人来人往。农历每月初一、十五，逢年过节，善男信女便结伴而行，携带香烛前往阳鸟山妈祖庙，在香烟缭绕中，祈祷家运昌隆。我小时候，父亲像其他信众一样，总会在大年三十上午，提着公鸡到庙里献祭，感谢妈祖的护佑。

《创建阳鸟山神亭碑记》显示，乾隆三年（1738），东兴、张畲、载文等村的百姓集资创建阳鸟山神亭。《重修庙亭碑》显示，同治十一年（1872）合坊重修庙亭。最近几十年，也有多次修缮。

根据庙宇占地面积，坪沿、檐下的大量长条石以及创建、重修时所立功德碑的记载，可以推知，妈祖庙的创建、重修耗费了大量人力物力，显示着善男信女对妈祖的无比虔诚。阳鸟山妈祖庙自修建以来，护佑善男信女、来往客商和前往阳鸟山山后竹林的张畲村民，也方便人们歇脚休憩。

神像传奇

据老一辈说，阳鸟山的妈祖信仰是400多年前从沿海传入的，起初供奉在天马山南坡半山腰天马寨的一座庙里。天马寨是张畲村朱氏开基始祖500多年前从赤岗迁到张畲的最先定基之所。寨子和寨中庙宇如今都已经坍塌荒废，只有在林中探寻，才会发现一些建筑遗迹还在向世人诉说昔日的辉煌。乾隆三年（1738），妈祖改供奉在阳鸟山神亭。

20世纪，妈祖庙里先后住有庙祝朱联升、朱才洪等人。

1966年，为保护妈祖神像，朱联升悄悄将妈祖神像抱回家，藏在棺材里。1967年初朱联升去世后，妈祖神像由女信众林氏保管在家里。若干年后，妈祖神像才重回阳鸟山神庙宝座。

1992年8月，村民发现庙里供奉的妈祖神像不翼而飞。经过仔细查访，方知是前一天晚上有人翻墙上屋顶，盗走妈祖神像。得知消息的善男信女忧愤不已，纷纷前往庙里祷告。时任张畲村民兵营长的朱高兵，再次前往勘察，发现庙前坪里的香烟头似乎不对劲。他根据香烟头的牌子一家一家店铺查问，最后在东兴找到出售这种香烟的店主，得知有两位陌生人前日到店里买过香烟。他感到这是极有价值的线索，便顺藤摸瓜，在偷盗者温某两人将神像倒卖给某老板前，追回了妈祖神像。信众纷纷夸赞朱高兵查办细心，机敏过人。

从此，为了预防再次发生此类事情，妈祖神像平时由一位信徒供奉在家里，逢醮会等重要活动，才供奉在神庙。

庙宇新生

虽然最近几十年对阳鸟山妈祖庙有多次修缮，但因修缮力度不够大，且二三十年都没有庙祝管理庙宇，庙体境况已大不如前，泥墙上有很多土蜂窝，主殿旁边的厢房已经垮塌。

令人欣慰的是，2017 年修建了通往庙宇的公路，超过一半的路段已经硬化。路旁有五六个小瀑布、水塘，沿途环境清幽、景色宜人。庙宇旁也修建好上千平方米的停车坪。

在优秀乡贤的积极倡议推动下，酝酿日久的重建妈祖庙工作已经提上日程。如果在各界关心支持下能重建妈祖庙，让善男信女的精神寄托更加臻美，则更有利于和谐社会氛围，助力社会的稳定发展。

武东上畲、四维王氏对妈祖的信俗

◎王闻福

民国时期，武东乡上畲、四维属左田保管辖。大窝里、屋场岗、左田上屋、左田下屋和中正堂的村民同属于武平王氏均德公之子骥仕公后裔。雷公井、司马坪王氏属均德公之子骥仕公裔孙。整个左田保 90% 以上都是王姓。

清咸丰十二年（1862），上畲、四维王氏为方便后裔及村民奉祀妈祖，商议在左田沙子头水口上建造一座三层庙宇，占地面积 200 余平方米，高三层约 15 米。建筑资金各祠堂公尝田（也称“公蒸田”，这些田地名义上归宗族所有，用于祭祀和教育卫生等公益事务）出一部分，其余由各房捐资解决。定于次年动工兴建。

庙宇历时两年完工，为三层建筑，十分别致。庙宇第一层供奉有妈祖太太、观世音菩萨、定光古佛等十多尊神像，还有罗汉若干。第二、三层挂有木质匾额，上书“中和亭”和“文峰阁”。

相传，庙宇落成后在沙子头举办了隆重的开光庆典。信众到袁田太平山天上圣母庙和岩前均庆寺等地迎接“圣火”，为众神像开光升座。庆典的娱乐活动除本堡的船灯外，还邀请了外村的龙灯、狮灯和上杭木偶戏演出团，为庆典活动助兴，热闹非凡。此后，农历每月初一、十五，逢年过节，上畲、四维的信众都会来这里上供、祭祀，附近远明、安丰、丰田和中堡乌石等村的信众也到这里上香、祭拜众神，祈求风调雨顺、平安吉祥。

20 世纪 60 年代，左田的这座三层庙宇遭到破坏，拆除了二层、三层，仅留第一层作为生产队仓库。实行家庭联产承包责任制后，生产队仓库因漏雨严重最终倒塌，今仅存遗址。

叶坑村天后宫

◎朱金香

妈祖，民间传说中本是海上护航女神，随着历史演变，已成为和平、正义、希望的象征，明末清初时传入武平镇。在叶坑村，当地人称妈祖为“天上圣母”和“姑婆太太”，并以建宫祭拜等各种方式表达对妈祖的敬意。

叶坑天后宫妈祖像

叶坑村天后宫位于叶坑村新山子岭下，始建于乾隆二十五年（1760），距今已有260年的历史。天后宫坐北朝南，东边是永丰桥，南、西、北面是万亩良田。以前，在叶坑村口就能看到天后宫，四合院式的古建筑依水而建，是善男信女的朝拜圣地。国道线改建时，路面升高，天后宫地势降低，进村时不往下看很难看见天后宫，但天后宫的香火并未受到影响，现在，当地信众过宫必拜已成习惯。

天后宫建筑面积614平方米，格局为四合院，正殿上下庭（含厢房）共492平方米，宫坪122平方米。天后宫为土木结构，三合土墙体，墙体呈淡灰色。正面墙高约7米，有三个门，中间大门呈内八字，大理石门框，高大厚实，上方镶嵌一龙纹边石条，上书“天后宫”三个大字。再往上是三层燕尾飞檐，飞檐后雕一对凤凰。左右两门平时关闭，逢重大活动时三门方才齐开。整座天后宫给人一种庄严、肃穆之感。

从正门进去是下庭，这里是信众参加重要活动时的集聚场所。下庭有三厅，中间是正厅，左右各一副厅，正副厅之间由高2.12米的大月亮门连接。下庭和上庭之间是天井，天井长16米，宽7米，左右各有一道宽3.6米的走廊。过天井，是上庭，有五厅，中间正厅龛台上供奉着妈祖金身像，龛前左有千里眼、右有顺风耳。正厅左边一厅供奉的是地藏王、关公和财神像；右边一厅供奉的是界大王和观音菩萨。再往左右各一厅，为储藏间。相传，妈祖为人时尽忠尽孝、与人为善，羽化后救苦救难，逐渐由最初的“海上保护神”发展成为主宰风雨、安危、凶吉等的“万能神”。由于叶坑天后宫靠近官道、盐道，常有僧人、道士入内挂单、交流，遂成就了叶坑天后宫与儒、释、道三教的联系。

叶坑天后宫的起源与流传，跟农耕密切相关。据传，建庙那年，叶坑村大旱，水稻含苞抽穗却因无雨而收获无望。农历四月初七，信众、耕农在宫内妈祖金身前敬香祷告，后结队游行，打佛灯，敲锣鼓，绕村中粮田游行，在各田角落跪拜、祷告祈佑。当大家拜完休息时，竟电闪雷鸣，下起了倾盆大雨。此传说流传至今，为感谢妈祖，人们将每年农历四月初七定为“禾苗醮”，祭拜妈祖。除了祭拜仪式外，信众还会挑着准备好的金黄稻谷从旁边的永丰桥上经过，寓为永远丰收。直到今日，禾苗醮还是叶坑村最主要的妈祖祭拜活动。

如今，除了禾苗醮，叶坑信众对妈祖的祭拜还有三个重要活动：一是每年农历三月廿三日妈祖诞辰日，这一天信众前往天后宫进香，进行“妈祖泡”（求雨）活动，大家虔诚地祈求降雨、祈求平安，为一年的春耕讨个好兆头；二是在每年的农历正月十九日，信众备齐祭品，齐聚祈祷，祈求妈祖在新的一年里保佑家人和村民平安；三是在每年的农历腊月初八，信众会集在一起献祭礼，请道人诵经，请吹班吹乐，以感谢妈祖一年来对家人和村民的保佑，人们将其称为“圆福”。祭祀妈祖的活动，经过几百年的民间传承，至今流传。

叶坑村天后宫见证了时代的变迁，也经历了历史的沧桑。20 世纪 60 年代中后期，毁坏严重。天后宫大门前原本左右各立有 2.5 米高的狮子像一座，由黄糖和石灰混合筑成，硬度堪比石头，历经 200 多年屹立不倒，威风凛凛地守卫着天后宫，后来被炸药炸毁。天后宫大门墙体上原本有 14 洞孔，洞内有勤读人物雕像、田中劳作人像、牛耕像等泥像，称“唯耕唯读”墙，在 20 世纪 70 年代被人用水泥封堵，至今无法复原，成为信众一大憾事。天后宫历史悠久，常遭劫盗，宫中物件损毁严重，仅存的原物件只有大门上方书有“天后宫”三字的石条。天后宫主体建筑也受损严重，20 世纪 70 年代遭受火灾，天后宫主体建筑被烧毁。近年，信众自发集资对毁坏部分进行了修缮。2000 年集资重修上庭；2016 年集资修缮下庭；2019 年再次集资修缮，现已逐趋完善。但因宫体宏大，修建年久，长年风雨侵蚀，后续修复任务还非常繁重，离恢复其本来的样子还有很长一段路要走。

武平十方西湖寺

◎刘立生

十方西湖寺，又名“古佛堂”，坐落在十方工业园区。这里供奉定光佛和妈祖。“瓣香起湄洲，灵妃一女子。”据传，十方西湖寺奉祀的妈祖神像，最初是由中国湄洲妈祖祖庙分灵而来的。始建于明崇祯六年的西湖寺古佛堂，历史悠久，香火旺盛，虽称“古佛堂”，实际上是一个奉祀各路神祇的综合性庙宇。

十方西湖寺占地面积4600平方米。原来的庙宇是土木结构的，由于年代久远，导致泥墙脱落、木料腐蚀，无法修补，甚至几近危房，直接影响善信人士求神拜佛的安全感。2016年吉月（吉利的月份，或指农历每月初一），寺庙理事会决定重修、扩建寺庙。同年9月竣工。现有寺庙由上中下厅堂、左右厢房、古佛殿、财神殿、圣母殿、厨房、餐厅、接待室等组成。合计建筑面积约3500平方米。投入资金180多万元。

寺庙于2016年吉月成立了“福建省武平县十方西湖寺古佛堂理事会”，负责管理寺庙的修缮、宗教文化传播以及庙会、醮会、起福、圆福的祭礼等。此前，寺庙由当地的信众自愿驻守、打理寺庙。

西湖寺圣母殿供奉妈祖圣母，香火兴旺，神像慈祥端坐，金衣玉带。每年农历三月廿三日（妈祖诞辰日）、九月初九（妈祖升天日）以及逢年过节之时，四面八方的善男信女便自备祭品，来此虔诚叩拜，祈求人泰家昌，祷告风调雨顺。逢农历十月十六（此日为十方镇附近十个村子的醮日），则会“扛菩萨打醮”，即请妈祖神像端坐轿中，由信众扛抬大轿，巡游十方镇，有巡游“十方”保佑乡亲平安之意。巡游时敲锣打鼓，彩旗飘飘，爆竹声声，一派热闹祥和的景象。

十方天后宫与处明天后宫

◎刘立生

十方天后宫坐落在集贤村、直迳村，长深高速直迳（村名）大桥西侧，占地约 350 平方米，建筑面积 260 平方米。据传，寺庙建于明朝崇祯年间，距今已有 300 多年的历史。寺庙分上下厅，左右厢房与上下厅连成一体。上厅中间为圣母殿，供奉妈祖太太神像。

2014 年腊月，在“重修天后宫理事人员”的主导下，投资 5 万多元，重修庙宇。2019 年农历三月，在理事人员的号召下，再次投资 3 万多元，在天后宫附近铺设了水泥路。如今，天后宫环境幽静，香烟缭绕，是念经拜神的好去处。

每年农历正月十一和腊月十一，十方天后宫要分别举行“起（祈）福”和“完（圆）福”的祭祀仪式；农历三月廿三日（妈祖诞辰日），方圆 30 里的信众都会来拜祭妈祖。相传，有一年春天闹旱灾，河水断流，土地龟裂，直迳村的人们只能靠从河里仅剩的几处小水洼里挑水在河滩地上种上庄稼。但天旱水少，没过几天，刚露出头的秧苗就蔫儿了。眼看春耕无望，家家户户心急如焚。适逢三月廿三日，传说，此时有一林姓长者号召全村老少聚集天后宫，跪地朝拜，祈求天降甘霖。多年以后，村里仍流传着三月廿三日妈祖显灵的故事，天降甘霖的那一声炸雷，被人们称为“妈祖炮”。

处明天后宫位于十方镇处明村，右侧是一道小溪，位置依山面水，建筑面积300平方米。庙门前有乡村公路和水稻田。这是一座土木结构的建筑，正中厅供奉妈祖，两边是厢房。

据该村林老先生介绍，当地百姓称妈祖为“姑婆”，处明天后宫修建时间不详，约有200多年历史，20世纪50年代被毁，1985年重建。信众主要为当地林姓群众，每逢农历初一、十五、年节和妈祖生日，信众都会进香祭拜、祈福。

楹联①

大门联：天后圣庙　天上祥光显，圣母福地灵

厅　联：天上灵光照四海，圣母慈山温万民

神像联：后娲同德　环中慈母女中圣，海上福星天上神

① 张开龙主编：《闽西妈祖文化》，九州出版社，2013。

高梧万松庵和鲜水潭妈祖庙

◎林锦华

高梧万松庵妈祖庙位于十方镇高梧村水口处，庙宇左侧为205国道，坐南朝北，建筑面积200余平方米，依山傍水。据当地群众说，很久以前就有此庵，曾因年久失修而倒塌，2006年当地乡民集资重建。庙宇左厅供奉妈祖，右厅供奉定光古佛。妈祖圣像通体金黄，慈祥和蔼，宝相生辉。庙内有专人管理，每逢农历初一、十五、年节和妈祖诞辰日，信众便前往进香祈祷。

鲜水潭妈祖殿位于十方镇鲜水村寮场窝的半山坡上。坐南朝北，占地800多平方米，建筑面积300余平方米。依山面水，视野开阔。庙宇分上下殿，上殿正厅供奉弥勒佛、观音菩萨、玉皇大帝、何仙姑、吕洞宾、吉祥哥，天上圣母位于厅堂左侧，有神龛椅子坐，与众不同。

该庙有很久的历史了，原来建在山下的榕树旁，后来迁至现在的庙址，2000年时曾重建过。

鲜水村有2000余人，全姓林，所以叫天上圣母为“姑婆”，每逢农历初一、十五、年节和妈祖诞辰日，信众都会来进香祭拜。

楹　联[1]

天上圣母　天上灵光泽四海，圣母恩德暖万民

① 张开龙主编：《闽西妈祖文化》，九州出版社，2013。

慈航广济海山安

——罗助天后宫今昔谈

◎林永芳

自中堡镇北上进入罗助村，村南水口处靠小溪一侧，首先映入眼帘的便是罗助天后宫。朱红色飞檐翘角层层相叠，灰色墙体并无太多雕饰，正门及正殿屋脊均有瓷雕双龙。主体建筑为一排三间屋舍，殿外有宽敞的坪，入口处悬挂着门牌号“东山下 1—3”。整座建筑正面宽度约 23 米，进深约十几米，建筑面积 240—250 平方米，加上外坪 140—150 平方米，整个天后宫占地应在 420 平方米左右。左右厢房设有厨房等附属设施。

罗助村除了李姓聚居的井背岭（地名）外，村本部位于小盆地中，共分三大片区，俗称“罗助三村”，村民均姓林，分别为：村里（西南侧）、东山下（东南侧）、黄泥坎下（东北侧）。据老人们回忆，罗助天后宫大概始建于清朝，至今有 300 余年历史。传说，清朝时，因水口太直，无遮无挡，故而黄泥坎下的村民牵头在水口边修建了一座天后宫，以遮挡水流直奔而南下之势。老人们认为在河流出村口的扼要位置建一座天后宫，可以请来海神妈祖庇护全村风调雨顺、无病无灾。

老人们说，他们小时候（民国时期）所见的天后宫为石门框、土墙，有一米高的三合土夯成的墙裙（又称“告子墙”），起初天后宫有三间屋舍，除当中正殿外，左右两边厢房都是两层。后来（民国时期）拆了厢房的第二层（老人们称之为“改矮”），以免有不轨之人利用厢房第二层为非作歹；同时，在原第二层的位置做了八角孔，与井冈山八角楼类似，用于透光透气，便于香火从这里散发出去。

在康熙版《武平县志》中，“罗助”的名字是“罗寺”，也有史志资料中叫“罗峙”。难怪今天人们说“罗助”时，发的分明是“罗峙”二字的音。但今天已无从得知“罗寺”或“罗峙”二字因何而来，唯一可以肯定的是，古时候罗助村有大小庙宇多座。

罗助初建天后宫时，是从莆田迎回的香火。由于相传天上圣母（天后）姓林，因此她被村民视为本家祖姑奶奶，称为“妈祖太太”或“太太娭”（在客家话中，“娭”“娭哩”“娭祖”指母亲，“娭驰”指祖母），简称“太太”。

老人们说，他们儿时，罗助经常遭受洪灾。林老先生说，他清楚记得，1949 年前，村里的稻田动不动就被大水淹没，白茫茫一片，一株稻子都见不到。

1949 年后，天后宫的房子分给了贫下中农居住使用；20 世纪 60 年代，各庙宇的神佛雕像都被毁坏。据村里的医生回忆，1965 年他从龙岩回来，看见庙背溪里有被毁弃的菩萨像。

20 世纪八九十年代以后，各地都在修复庙宇，罗助村民也开始捐款修缮天后宫。工程需要十几万元，可第一次仅仅筹得 3 万元，只好暂停。如此几经曲折，历时 20 年才重建了罗助天后宫，重建经费全部来自信众自愿捐资。其占地大小、建筑位置等仍如原样，地基也未改变，朝向依然坐南朝北。重建的天后宫，正殿横梁上书写着：“公元二〇〇二年冬月吉旦　罗助村全体信士重建”。据亲历者林某回忆，天后宫建成后，他和村中老信士去武东的袁田村迎回香火，从此罗助天后宫香火得以恢复。如今的天后宫，大殿供奉天上圣母、观音菩萨、定光古佛；大殿左侧（西侧）供奉“林氏太始祖文财神比干公”，右侧（东侧）供奉土地神。大殿对联为“发迹莆田瞻兴化，显灵罗助保太平。”庙宇东厢房供奉着观音菩萨立于莲花台上的画像。

罗助天后宫妈祖诸神像

2019 年春，主事者嘱我为天后宫正门撰联，遂斟酌拟就一联：“慈航广济今古颂，圣迹长辉海山安”，刻于正门两侧。其时因百事缠身，不得自由，未及反复琢磨，仍有遗憾，只好期待将来有机会再去完善了。

天后宫重建后成立了理事会，实行轮流值班制度，每天都有一名信众值班，理事会成员名单、值班表均贴在大殿西墙上。

天后宫还会开展以下活动：

一是每年天后圣诞日（三月廿三妈祖出生日、九月初九妈祖羽化飞升日），信众均会聚集在此，念经、上香、上供。

二是庙宇重修后信众约定农历每月十八为会期，信众们要去念经、上香。通常是清晨6点多钟念一遍经，早饭后继续念经，上午往往会喊上村民们去跳广场舞增加热闹气氛，中午聚餐。罗助三村轮流做头（即牵头主办）。

三是每年十月廿日，全村统一“打大醮”，同样在天后宫举行。“打大醮”的流程是：早晨念经、上香，之后吃早饭；上午鼓手吹打，请和尚念经，请道士“做忏”，俗称“和尚做香花，道士做忏”。午饭后，约1点半到2点，扛着菩萨“游境”——从“村里”片区开头，之后沿着河西岸、田间的直路北上，到石陂头（这是村里所有孩子的守护石、命名地，俗称“石头娭毑”）处上香祈祷，到黄泥坎下，再到东山下，全村巡游一遍，之后到水口“送神”，回宫归座。沿路凡有发出邀请的厅厦（厅厦与祠堂不同，不是摆放祖先牌位和各家各户主牌用的，是公共场所，一般没有祠堂的人户，会合伙建个厅厦），都要进去接受信众的供奉朝拜。民国时，全村有21座厅厦需要进去，如今已没剩几座了。按惯例，菩萨只进厅厦，不进私宅楼屋。游境到石陂头处时，若有新菩萨，得在这儿“净水”，净水之后才可以“开光”。“打大醮”那天晚上，还会有唢呐鼓吹、龙灯表演。约当晚七八点钟结束。

四是每年年初“祈福”、念常年经，年末“圆福”，日期不固定，择吉日进行。

罗助村的这些活动，除每年农历六月初六三大仙师生日之外，其他的活动全都在天后宫举行，并且会把三大仙师也迎请到天后宫去一同接受香火和朝拜。而六月初六三大仙师生日时，法事活动则就在三大仙师宫（瑞仙宫）举行，此时会将社令尊官、福主公王也请到瑞仙宫去，与三大仙师一并接受香火朝拜，法事活动结束后，信众及主事者均回天后宫用餐。这些活动的费用都来自信众还愿或捐功德，如捐豆腐、捐粄子等。全村目前 312 户、总共 1212 人，除外出务工经商的人以外，平时留守的村民大约 270 人。“打大醮”时，参与活动的信众有 20 多桌、200 多人。

林坊圣母宫

◎林锦华

林坊圣母宫位于中堡镇林坊村尾水口处，坐东朝西，建筑面积300余平方米，分上下殿，背靠大山、河流，门前沃野平畴。

林坊圣母宫

该宫始建于清朝咸丰年间，1983年重建。宫内上殿供奉天上圣母，中间有天井相连，下殿是门厅，大门颇为壮观。

楹 联[1]

神像联：佛光普照　　有德配胜人，无私可达天

厅　联：水德配天后国慈航普济，母仪称后桑榆俎豆重光

大门联：功照宇内江河静，恩被人间福泽长

① 张开龙主编：《闽西妈祖文化》，九州出版社，2013。

悦洋福寿庵妈祖殿

◎林锦华

悦洋福寿庵妈祖殿

悦洋福寿庵妈祖殿，位于中堡镇悦洋片下村村尾水口处，依山面水，坐西北向东南，建筑面积200平方米，分上下殿，中间由天井相连。庙宇上殿供奉妈祖、观音菩萨、定光古佛、黄仙师、神农、土地公等诸神。

悦洋福寿庵始建于清朝，具体时间不详，1995年重建，信众除了附近村民，还有下村村籍的台胞。

楹 联[①]

神像联：天上圣母　圣恩巍峨威灵显赫，母慈仁德千古流芳

中厅联：日月照大地神灵广被皆欢悦，山水绕庵场佛恩普佑泽汪洋

古今传授文物史教千古盛，庙宇院中道德存心世为人

① 张开龙主编：《闽西妈祖文化》，九州出版社，2013。

岩前天后宫

◎罗炳星

岩前镇天后宫，原位于灵岩村岩背埠，始建于明末清初（具体年代不详）。庙前有一条小溪叫南门溪，溪上有座民国后期兴建的钢筋水泥大桥，名为“岩前桥”。桥的西边有条从广东省蕉岭县广福镇发源的，比南门溪大得多的溪流，与南门溪在钢筋水泥桥下汇合后，直通中赤、下坝，汇入韩江，到潮州后入海。岩前桥往下约100米处，本建有一座简易船埠，供船上的货物和船客上下，“岩背埠”的名称由此而来。原“埠”迁建至现东岗桥旁（20世纪末还保留有船埠的遗迹）。有了船埠之后，广东蕉岭文福、广福及岩前周边的人，外出“过番”（即漂洋过海到外国去打工、卖苦力）的人，均结伴在此埠乘小舟或木排、竹筏，顺流经过中赤、下坝，去往广东潮州。他们结群后，再乘较大的海船，漂洋过海到新加坡、泰国、马来西亚、印度尼西亚等地。

他们经过几年或十几年的艰苦奋斗，回乡时都能带回不少的血汗钱。这些外出“过番”的人，认为自己在海上能避开狂风险浪、凶残海盗，在异国他乡能战胜瘴疠、虫豸，都是妈祖菩萨在保佑。清末民初，“番客”们，经过认真踏点选址，一致同意在南门溪与岩前溪交汇处，兴建一座武平县内最大的“天后宫”。

岩前天后宫是一座四合院式的建筑，坐北朝南，背枕狮岩洞，占地面积约3800平方米，建筑面积约2000平方米，整座天后宫屋顶均用黑瓦，屋脊中间竖一火焰葫芦，墙体均用由石灰、黄泥、沙石混合而成的“三合土”夯筑而成，为枣红色。殿内用白色“纸筋灰”粉刷墙面。天后宫大门的门楣、门框、门槛均选用白色石料，门框高约3米，门宽约2.5米，门槛高约33厘米；大门上方有宽约1米的屋檐，形成一处门廊；门额上嵌镀金楷书的“天后宫”三字。大门左右各竖一根白色四方形石柱，石柱上未刻繁复花纹，只在边缘刻了四条细纹边，石柱底部有底座，上刻荷花、荷叶。大门前用鹅卵石铺砌出简单的八卦图案，还立有两只大石狮，每只高约2.5米，日夜守护在大门两旁。天后宫的围墙，用白石灰、沙、石混合后的材料构筑而成，高约2米。整座天后宫虽无飞檐斗拱、雕梁画栋，也不金碧辉煌，倒显得朴素大方。

迈进大门，迎面是长方形的下厅，内设宽敞的厨房，还布有40多张餐桌，供庙会聚餐时使用。上厅与下厅之间为一块约20平方米的长方形天井，地面上铺着方形石板。天井左右是宽大的抚廊通向上厅，顶部四周装有用马口铁制成的“水托”和下水管，以便雨天及时将雨水排出。从天井到上厅，用条石铺就了五层台阶，台阶正中斜卧一块约9平方米的雕有“龙凤呈祥”图样的长方形大石板。

上厅左右两侧各有一间厢房，供大布村林氏族裔管理员居住。上厅正中竖一大石香炉，香炉右边立一葫芦形的焚烧炉。靠天子壁屏风正中的神龛上蒙着一块巨大的橘红色帐幔，帐幔中间开了一个椭圆形的孔，展露出用印度尼西亚特有的檀香木雕刻而成的、庄严慈祥的妈祖上半身金像。神龛的设置与妈祖像是岩前妈祖庙的一大特色。老辈人说，相传这里敬祀的妈祖，是一位未出阁的姑娘，但她也像观音菩萨一样，救苦救难。昔时在岩前，当人们在山野突遇猛兽、在黑夜中遭逢异事，或碰到其他一些突如其来的灾祸时，往往会下意识地呼叫“妈祖娘娘救命”。

相传，春季播种插秧时节是妈祖菩萨巡视武平一带的时节，若遇久旱不雨，众人会到妈祖庙中烧香点烛、鸣放大铳、跪拜叩头。岩前一带有句民谚：“三月二十三（农历）的‘妈祖炮’，前三后四。”意即妈祖生日的前三日或后四日，必定有场大雨。因信众大多为华侨及其侨属，所以岩前天后宫妈祖金像前的烛台、灯台、香炉、茶壶、茶杯祭具都是用来自印度尼西亚的锡块浇铸的。

岩前天后宫规模宏大，大门雄伟壮观，但内设却十分简单朴素。其原因是兴建此庙时，“过番”到印度尼西亚的人虽赚到一些银两，但手头并不十分宽绰，本拟待天后宫修建完成后，来年再筹钱对内部设施做一番布设。不料风云突变，适逢鸦片战争，国力大衰，通入印度尼西亚的财路被堵死，“番客”们一度断绝了来往，昔日的宏图便成了一张废纸。再加上 1919 年前后，天后宫，包括定光古佛祖庙——狮岩洞，遭到破坏，偌大的天后宫成了“空心房”。

1995 年，在修复狮岩洞和均庆寺时，将原岩前天后宫的香火迁到狮岩洞左边的石坎上，建起了一座坐西朝东，约 10 平方米、飞檐翘角的客家凉亭式建筑，其中供奉妈祖金像。亭额处的横批为“水德参天”，亭柱上镌刻“英风尚在江天外，母德犹存泽国中”的楹联。神像处也有楹联，横批为“母德启后”，上联为“圣功无疆江天外”，下联为“母德有济万民安”。妈祖菩萨与狮岩洞、均庆寺的各路神仙，一同享受太平盛世的人间香火，永佑人间平安、幸福。这里的管护人员由均庆寺管委统一调配。2012 年农历正月初五至初七，均庆寺举行定光古佛诞辰千年大法会活动时，有位华裔印尼籍信众转道香港前来参加大会，在参观了狮岩洞左边供奉妈祖娘娘的设施后，他用生硬的客家话先是表示了遗憾，后又表达了认可。此后，偶尔会有印尼籍的华裔后代前来参拜岩前的妈祖神像、祈求平安幸福。

2013 年前后，岩前均庆寺和定光古佛祖庙进行整修，因考虑均庆寺的整体布局，拟将祭祀妈祖“水德参天”宫内的妈祖神像迁移他处，因与妈祖信众未达成共识，最后岩前镇洋坑村抽坑子的曾氏妈祖信众，偷偷将妈祖神像迁出。均庆寺管委会经反复讨论后，决定保留“水德参天”的门楣横匾，抹去原镌刻在柱上的亭联、神像联，将“定光大师来岩事迹碑”等两块历史遗留的石碑存列在亭内直到现在。

大布村“水口妈祖庙”的风雨沧桑

◎罗炳星

岩前大布村的“水口妈祖庙”，位于大布村龙兴围的田塅中央，坐北朝南，右边有条小溪流过，溪水清澈，常年不枯，当地人称“水口妈祖庙”为“宫下”或“水口宫”，宫内主祀妈祖，称妈祖为“妈祖太太”或“妈祖娘娘”。

大布村龙兴围水口妈祖庙，始建于何时暂无法确定。据当地老人忆述，初建时的水口妈祖庙属土木结构，屋脊中间竖一火焰红葫芦。明间[①]大门，内凹作达寿状、抬梁式结构，中间为大殿，左右两边为管理人员住房。大殿的巨大神龛正中为妈祖泥塑巨像，左右两边为三仙公王、财神菩萨、九子圣母、抬财童子像。神龛前是一张放置供品的四方形大桌，大桌上摆放香炉、灯台、烛台，大殿楣顶上挂满了精致的旗幡。

昔时大布水口妈祖殿上的屏风两边立两根粗如水桶、高近两丈并涂清漆的圆形杉木大柱，粗大的木柱底部垫着比木柱稍粗的圆形石墩，石墩四周雕了荷花、荷叶等吉祥图案。圆柱顶端有一巨大厚实的扁木，连接两根大柱，其上雕刻祥云图案，两边还有拱门形状的装饰，扁木两头固定在厚实的墙体里面。竖立的两根大木柱顶端的后边分别还有根巨大的杉木桁子，

---

① 明间，即外间，也称当心间。特指古代建筑正中四根檐柱之内的空间，其两侧称次间。按照建筑习俗，明间一般比其他各间略大。

一头顶住木柱，另一头深入到后墙的墙体内，使高大的木柱支点成稳固的三角，体现了古代木匠的智慧。大殿靠前檐边，横架了一根弯曲的木梁（当地人称为“虾公梁”），深入到两边的墙体内。这“虾公梁”一来可加固两边的墙壁，二来方便节日祭祀时挂描龙绣凤的刺绣幔布和喜庆的灯笼。大殿两边各有一间厢房。厢房里分上下两层，设有木楼梯，方便上下。庙宇建成初期，由本村龙兴围王姓人士负责管理。可惜，昔日水口宫的雄伟形象，现今已无法看到，只能成为人们的记忆。

“水德参天”凉亭

说起这座水口妈祖庙，许多老人都对建庙的传说如数家珍，津津乐道。老人们说，中国人，尤其是客家人，历来重视风水，大布人的祖先亦重视风水。大布人的祖先，由北方迁徙而来，筚路蓝缕，辗转多地，先在广东兴宁、梅县、平远一带驻足；后来由于人口增加，为了生存，他们在清朝中叶迁徙到此地落脚。先人秉承祖宗的谋生手段，亦耕亦商，农耕之余，卖些零碎的日常生活用品，贴补家庭开支。随着人口的增多，店铺也越开越多，有的人还漂洋过海（“过番”）去外国打工。经过几年或十几年打拼，积蓄一些银两，回家发展生产。番客们回到老家后也开了一些店铺，并将店铺取名为“大铺”，以图大展宏图。传说，龙兴围的王姓先人不惜重金从江西请来有名望的风水先生前来勘探，最终在本村龙兴围一丘宽阔的农田里找到了“穴点”，要在此盖起一座庙宇。但这块地是黄阿狗用来修建祠堂的。经过反复协商，最后拍定帮黄阿狗另找了一块建祠吉地，而此地用来建天后宫。后来，王姓的几个分支和吴氏、林氏、陈氏、温氏等几个姓的人也先后迁徙来此定居，后又把“大铺”改成更响亮吉祥的名字——大布，此名一直沿用至今。这就是有关大布来历的传说。

天时、地利、人和是事业成功的重要条件，完全靠“风水”、靠菩萨是靠不住的。因此，除了年、节、打醮时，水口妈祖庙会热闹一番，平日里是比较冷清的。1958 年，水口妈祖庙成了大炼钢铁的厂房，后来又成了生产队储存化肥、农药的仓库，再后来成了龙兴围村民堆放柴草杂物的地方。一些村民视此庙如“众家姑祖”，仅晓得使用而不愿去维修，年深日久，屋顶开始漏雨，椽子、檩木开始腐朽，墙体开始倒塌，杂草丛生，成了废墟。

1995 年，由当地的善男信女集资，在水口妈祖庙原址上重建了三间平房，大门左边残存的 3 米多高的外墙仍保留在那里，似乎在向人述说它昔日的辉煌。新建的大厅正中供奉妈祖，左右两边增添了九子圣母、三仙公王、财神菩萨等诸神像。每年春节之后，当地新添男丁的农户，会在大厅挂上花灯；善男信女们会主动集资、献工，为厅中的菩萨洗去尘灰，换上新的旗幡、幔布和桌围，清除垃圾、杂草等。如今，这座水口妈祖庙又恢复了往日的宁静。

育平村天后宫

◎张自贤

育平村，坐落于武平县中赤镇的最南端，东靠岩前镇澄邦村，西接下坝乡美溪村，南与广东蕉岭县广福镇接壤，是位于闽粤两省边界的一个村庄。

育平村天后宫

育平村天后宫，坐落在育平村西南角的黄龙（泥）岗村，如同一个身披铠甲威风八面的武士，静静地镇驻在育平村的水口，守望着这一方美丽丰饶的土地。水口两边是绵延的群山，生长着茂密的丛林，高大的树木遮天蔽日，将整个水口围拢得密不透风。育平村天后宫前，是一大片宽阔平整的农田，种植着各种作物，呈现出不同的色调，构成一幅色彩斑斓的图画。在这幅绮丽图景的中间地带，有一条清澈纯净的溪流，从村北边的上径、寮下等村逶迤而来，它沿途汇聚了山垅田畴之间的汩汩流泉，蜿蜒曲折地穿村而下，经过窝子等村落流到了地处黄泥岗的这个水口。然后，绕过天后宫右侧飞流直下，冲向下游的育才峰，汇入长潭水库。

从远处的路口看过来，只见整座天后宫飞檐翘角，琉璃瓦顶，宽敞明亮，散发出浑厚的古朴气韵，使人产生庄严肃穆的感觉。天后宫门口有一副对联："天下无双女，后中第一人。"这是妈祖信俗文化深深地植根于当地人心中的真实写照，说明此地信众对于天后娘娘无限景仰。庙宇由一间正殿和两间较小的偏房组成，还有天井、廊庑等，结构严谨，布局精当，建筑面积200平方米左右，较好地满足了当地信众从事祭祀活动的日常需要。

正殿的绣帏神座上，供奉着妈祖太太的鎏金神像。神像慈圣昭然，仪态祥和，亲切地注视着每一位前来上香朝拜的信众。神龛前设有香案、供桌、烛台以及木鱼等器具。殿内常年香烟缭绕，烛火闪烁，长明不熄。

天后宫正殿墙上镶嵌有石碑，其上明确记载了这座天后宫的最初修建时间——清道光二十四年（1844）冬月，此庙已有170多年的历史。天后宫还保留了几个修建庙宇的芳名碑，记载了当地乡绅耆老捐款的数目以及款项的使用情况。据村民介绍，20世纪60年代末，天后宫损毁非常严重，直至前几年捐资募款，投工投劳，才在一片荒草萋萋中恢复重建。

育平村处于群山环抱之中，远离通衢大道和城镇古邑，村里只有一条蜿蜒清浅的溪流，集雨面积小，径流量不大。从地理条件看，这里没有舟楫通行之便利，并不太适宜发展水上运输业及木材交易。然而，这个远离河川的村庄，却兴建了这样一座天后宫，人们虔诚祈祷，香火不断，比一些沿河的村庄更加尊崇妈祖信俗，这实在是一件值得探寻的事情。

当然，在道路闭塞、运输不畅的年代，还是要借助水流的力量，将木材从山涧中漂运出山外，到达水流丰沛的大河边上，然后制作成木排放运到广东沿海，获取丰厚的回报。因此，尽管流经育平村的溪流不是很大，但毕竟有一定的径流量，尤其是在春夏之交的汛期，趁着溪水暴涨，迅速将事先堆积在山涧边的木材一次性地漂运出去，可以顺利到达下游广东地界的育才峰。虽然其间路途曲折，水流湍急，落差甚大，很是危险，然而，比起完全使用人力搬运省事省力多了。而且，育才峰地处石窟河的中段，这里上连闽西武平县的几条小河，下达广东蕉岭的长潭，已经进入了梅江水系，是闽粤水上运输的要道之一，也是一个重要的木材集散地。到了这里就可以进行初步的木材交易，将木材卖给广东客商。当然，也可以将木材制作成木排，自行放运到沿海地区贩卖，减少中间消蚀的差价，获得更可观的利润。也许正是因为木材漂运出山十分艰辛危险，为了寻找心灵的寄托，消除内心的不安，育平村的父老乡亲们才会在村子水口，兴建这样一座颇为气派的天后宫。

育平村的广大信众，经常以天后宫为中心开展各种祭祀活动，虔诚地叩拜妈祖娘娘，祈求得到天后太太的庇佑和保护。除了每年的农历三月廿三妈祖太太的“生辰”日和九月初九妈祖太太的“升天”日，育平村天后宫一定要举行庄严肃穆的祭典仪式之外，每年农历的正月廿一日，为当地民众向妈祖太太“祈福”的日子。还会在每年的冬至以前，以十日为限，择黄道吉日举行“还福”典礼。祈福还福的日子，天后宫大殿内明烛达旦，香烟缭绕，荤斋供品，恭敬如仪，显得异常庄重肃穆、喜庆祥和。特别是每年农历七月十二日的天后宫“打醮”活动，更是喜气盈门，盛况空前。在醮事开始以前，家家户户都会提前几日收拾门庭，打扫卫生，通知亲朋好友前来参加天后娘娘的祭祀活动。等到“打醮”的当日，各家各户早早起来，烹鸡宰牛、打糍做粄，备好各种美酒佳肴，珍馐果品，恭候三亲六戚的到来。每当此日，天后宫会被信众们精心装点，整饰一新。等到妈祖太太到全村巡游的当口，村道上人来人往，熙熙攘攘，敲锣打鼓，鞭炮齐鸣，人们祈求天地神明施恩降福，庇佑众生百姓。

上赤天后宫

◎张自贤

上赤村，闽西武平县境内的一个美丽村落。它地处梅江、韩江水系的上游，十方溪、岩前溪在这里交汇后穿村而过，向广袤的南粤大地奔流而去。自古以来，上赤村人在田地里辛勤耕作，以收获的稻菽杂粮等维持日常生计。自清朝中叶开始，闽西地区与潮汕地区的联系越加紧密，水上运输业逐渐兴盛起来。因而，上赤村是一个水陆通衢、物产丰盈、民众富庶、乡情淳美的富裕村庄。

莲湖，坐落于上赤村的西南方向，距离村子大约1.5里。在莲湖深邃幽静、碧波回旋的水潭面上，一条蜿蜒幽长的石砌路，沿着突兀的崖壁迤逦而过。在这条幽僻静寂的石砌路上，背倚着崔嵬灵秀的群山，面朝着波光粼粼的河川，矗立着一座富丽堂皇的庙宇，飞檐翘角，红墙黛瓦，显得巍峨雄浑、端庄肃穆，这便是著名的上赤村天后宫，当地人俗称为“莲湖庵”。

整座庙宇呈二进三厅格局，外加骑楼、廊庑、偏房等，占地350平方米左右。大殿门楣上“天后宫”三个雄厚遒劲的大字，清楚地彰显了这座寺庙的身份。大殿两边有对联：“天经地义无限福，后继前承有生机。”据传此庙始建于清朝初年，原来建在上赤村西头的村边，后于清朝末年迁建于此地。本地当时有名望的乡绅、族长动员周边的张、陈、童、谢、刘、蓝、赵、何等各姓乡民共同筹资兴建。由于记述兴建庙宇概况的石碑和表彰捐资芳名的碑亭被毁。通晓村中事务的老人也相继离世，村中没有可资查阅的文字记述，因而这座天后宫的具体建造年份，已经无从考证。查阅1941年编纂的《武平县志·古迹志》，其中记载“山峰下莲湖天后宫”为全县著名的14座“天后宫（庙）”之一，可见清末时已建此庙。

上赤村天后宫

相传，这座天后宫原本不是坐落于上赤村与中赤村交界处的莲湖，而是建在上赤村西边（村尾）的礤头岌脚下一个叫“鸡子山下”水潭的河坎上。当时寺庙的规制和格局不大，只有两三间平房，殿中安放妈祖太太的神龛，经年享受着村民们的供奉香火。妈祖庙的原址与现在的莲湖宫相隔大概一两公里的水路，彼此之间遥遥相对，似乎并没有太多的因缘和联系。这个河滩水流径直，水势也并不湍急，因此许多人会放木排下莲湖滩，一般说“滩直好行船”，木排应该放得十分顺利才对。然而，这里却经常会遭遇“打烂搭”（即水流将扎好的放排木材打散）的事故，造成木排在水流的冲击下碰撞河中间的巉岩山石而散开，往往使放排人跌落水中。试想，辛苦扎好的木排，刚一出村子就被撞得散开，实在不是个好兆头！放排到广东沿海的潮州汕头，其间要经过迢迢水路、激流险滩，有半月或几旬的水上行程，险象环生，稍不小心就会出大事情。因为这个缘故，许多从事木材经营的商户或者放排工，在木排制作停当准备放行之前，都要备好丰盛的三牲祭品，前往妈祖庙虔诚地烧香祷告，祈求妈祖太太的护佑。

关于迁建妈祖庙，这里还有一个传说。

相传，有一次刮大风，将妈祖庙弄得一片狼藉，庙里的木鱼也离奇失踪。庙祝四处找寻不到，心中诧异：好端端放在禅桌上的木鱼，怎么说不见就不见了呢？说来奇怪，第二天有放排工撑着木排经过莲湖潭的时候，远远看到一个锃亮精巧的木鱼正在清波漩涡中回旋漂游，但却没有顺水漂走。于是，他连忙上前捡起来。拿给妈祖庙的庙祝一看，这不正是庙中遗失的木鱼吗？木鱼失而复得，让善男信女们额手相庆。此前有信众向妈祖许愿：若此次放排顺利，便出资为妈祖选新的地点重建庙宇。那人放排顺利，再加上木鱼失而复得，信众们便决定选一处新庙址，由当时山峰下砻钩子里村的张氏信众牵头，再加上乡绅耆老动员，有钱捐钱，无钱出工，经过紧张施工，一座崭新的天后宫便屹立于莲湖潭边了。

根据本村耆老回忆，上赤天后宫建成之初，为两层骑楼式建筑，一楼正厅供奉天后娘娘；二楼中厅供奉五谷大帝等诸菩萨。由于众神齐聚，福庇四方，附近的善男信女便结伴而至。这里香客云集，香火旺盛，终年不断，成为远近闻名的鼎盛寺庙。20世纪60年代，寺庙遭到损毁。20世纪80年代，由热心人士牵头才着手恢复，几经修缮和扩建，才形成了现时天后宫的规制和格局。目前，除正殿供奉天上圣母之外，正殿旁边还开辟了观音堂，用来供奉观音菩萨及其他各路菩萨。以此看来，偏僻乡村的民众对于各路神明的信奉具有包容性。

上赤天后宫自建成以来，逐渐形成了相对固定的祭祀活动形式。每年的农历正月初六，是天上圣母巡游打醮的日子。这一天的上午吉时，信众们燃香上供，恭请妈祖太太的神像离开神座，坐上装饰华丽的神轿，一路上敲锣打鼓，鸣放鞭炮，走村串寨，巡游附近村落。然后，在上赤村中心地带专门设立的祭拜神坛，接受信众们的礼拜。信众从各处汇集到此，燃香秉烛，虔诚祭拜，献上各种供品。在整个祭拜过程中，有时还会安排吊傀儡、耍杂戏、舞龙灯、打狮头、打船灯等民俗表演，以增添节日趣味，烘托活动氛围。

每年的农历正月初八，是向天上圣母祈福许愿的日子。信众们早早来到天后宫，稽首跪拜，焚香祷告，祈求天后娘娘广布恩泽，慷慨赐福。每年农历的腊月初七，便到了向天后娘娘还福的日子。信众们挑着三牲祭品、醴酒斋食，以及香油、供果、金箔纸钱等，前来敬奉妈祖娘娘，举行庄重的“还福”仪式，感谢一年来妈祖娘娘的护佑。如今，年初祈福，年末还福，已是既成定制，成为信众们必须履行的供奉礼仪。

在每年农历三月廿三妈祖太太的“生辰”日、九月初九妈祖太太的“升天”日，上赤天后宫都要举行庄重的祭典仪式。信众们迎神上香，敬献供品，叩首膜拜。祭典完毕，仅在庙里用餐的人员就能坐满20多张桌子，异常热闹。

若是遇到了元宵、清明、端午、中秋、元旦等传统节日，信众们也会不约而同前来上香。每逢春节，上赤村周边的村庄都有到天后宫、城隍庙等处“筛酒”的习俗。自春节当日一大早开始，就有人挑着三牲祭品，来到天后宫等寺庙中进香，感谢众神明一年来的庇护和保佑。另外，农历的每月初一、十五、初九、十九日，便是民间所说的“社祈日”，也会有一些信众来天后宫上香。

万营妈祖庙

◎林锦华

万营妈祖庙位于中赤乡万营村洽贝村，坐东南朝西北，占地面积为21平方米。

该妈祖庙（水口宫）创建于清朝乾隆初期，由中山太平宫迁来。创建人是刘文扬公，由刘、兰、修三姓合建。信众为兰、刘、修等姓氏，人数达1670人。

万营妈祖庙每年农历四月和八月会举行打醮活动。农历三月二十三日是妈祖生日，庙中的祭典活动多以念经形式进行。该庙平时由专人打理保护。从20世纪90年代至今，本地台胞刘汉斌先生时常捐资修缮此庙。

楹　联[①]

渤海功能第一人，同朝忠孝无双女

① 张开龙主编：《闽西妈祖文化》，九州出版社，2013。

下坝天后宫

◎钟茂富

闽粤交界处的下坝河出水口有一座天后宫。天后宫依山傍水，风景秀丽，是周边善信朝觐“海上女神”妈祖的圣地。下坝天后宫始建于清乾隆四年（1739），历来香火旺盛，鼎盛时香客达数万之众，是闽粤赣边远近闻名的文化古迹之一。

下坝天后宫占地472平方米，其中正殿分为上下堂共占地234平方米，庙坪占地123平方米，厨房等占地115平方米。天后宫背靠巍峨大山黄竹岽，门前流过一条小河，远处群峰蜿蜒环抱，给人高远肃穆之感。天后宫大门匾额上写着鎏金的“天后宫”三个大字。殿内供奉妈祖神像，左右两边是护卫神千里眼、顺风耳以及地下龙神；大殿两侧还供奉了财帛星君、九子圣母神像。两边厢房分上下两层，与上堂相连，其中左厢房二楼供奉观音菩萨，右边厢房二楼用于接待香客，而左右厢房的一楼则用于善男信女举办法事。上下堂接合部分设有侧门，供法师起居通行和香客出入。

天后宫是航运发展推动商贸繁荣的产物。据史料载，15世纪初（明永乐年间）郑和七下西洋，有力促进了沿海造船业发展，到明宣德年间，蕉岭与下坝之间就有船只来往。到了清朝乾隆时期，广东潮（州）盐溯河而上，运至下坝再由挑夫挑到江西罗塘，经赣江分运赣南各地；而赣南各地的大米，也经挑运汇集至下坝，再运往潮汕地区。随着“盐上米下”日益频繁，有时每天往返船只达600多艘次，于是就在这里开辟了圩场，名曰“太平埠”。鸦片战争后海禁大开，进一步推进了下坝商贸的发展。辛亥革命推翻帝制后，下坝商业进入繁荣时期，粤东赣南闽西客商纷纷来到下坝，开设盐店、米店、杂货店、百货店、五金店、药材店以及过驳转运站等，各类商铺三四百间，往来商户挑夫数量难以统计，一时繁华无以细述。

随着下坝河航运商贸的发展，商船成为妈祖信仰传播的主要途径。有些在下坝圩经商的人，是从广东潮州、惠州来的，潮州、惠州十五六世纪时便盛行妈祖信仰。这让往来此地的其他商人有了接触妈祖信仰的机会，加上做航运生意常年在江上漂泊，江河风险大，他们比一般人更需要祈求妈祖的庇护。因而这些在水上往来的商人，成了建造下坝天后宫的牵头人和主力军。另外，从事水上航运劳作的船工、纤夫，还有往来的渔民，也是妈祖信仰的传播者。他们在日常生产中常遇险滩，无法抵御狂风骤浪的袭击，希望妈祖能保佑平安。渐渐地，海上女神妈祖融入山区百姓的信仰大潮，成为商人、船工、纤夫和渔民共同信奉的神灵。

下坝天后宫由莆田湄洲妈祖庙分灵传播而来，至今已有270多年的历史，沿袭的是莆田湄洲正统的妈祖文化，无论是天后宫庙宇式样，还是宫内悬挂的匾额、楹联，如门楣上刻“后德配天”，上方石斗拱托起的盾额刻着“天后宫”金色大字，以及正殿的六根石柱上镌刻的楹联，都是对妈祖文化发祥地的“复制”。妈祖宫的修建，表达出百姓祈求平安、和谐、康宁的美好愿望。

信众对妈祖的祭拜活动，也大都是依照莆田湄洲的进行演绎，又与当地文化习俗相融合，从而使妈祖文化在闽西边远山区得到很好的传播。据下坝天后宫理事会的人介绍，每年农历三月廿三妈祖诞辰日和九月初九妈祖升天日，当地善信都要在天后宫举行祭典活动，有时还要请武平等地的戏班演大戏，一般为期十天，盛况空前，既娱神又娱人。

下坝天后宫历经变迁，屡有毁损，特别是1994年因烛火不慎，下坝天后宫被烧得片瓦不留。后来在原地进行重建，庙宇主体于1996年10月竣工并请神佛上座归位，而后逐年完善，才渐渐恢复天后宫原来的样式及规模。

石营天后宫与东寨三官堂妈祖殿

◎钟智明

石营天后宫位于下坝乡石营村（石灰洲）芦下，坐西朝东，占地面积约50平方米，其中正殿24平方米，右偏房约30平方米。相传，该庙原由该村吕姓先人开基落户时建于石营（石灰洲）河岸上水口山下，面积约40平方米。1993年因下坝电站建设需要，迁移重建在现址。农历每月初一、十五及逢年过节，信众会前往天后宫祭拜，祈求风调雨顺、五谷丰登。

东寨三官堂妈祖殿，位于象洞乡东寨村水口处，依山傍水，坐东南朝西北，占地面积500多平方米，分前后殿，前殿中央供奉妈祖，右边存放一个醮日时抬神像出巡专用的轿子。后殿供奉三官诸神，前后殿之间有天井相连。

该庙宇始建于清朝，具体时间不详，1985年重修。有专人管理，每逢农历初一、十五、年节和诸神生日，均有信众前往进香祈福。

民主乡溪头墟夫人庙

◎张义荣

武平县民主乡民主村溪头墟河岸上，有一座夫人庙，为明末清初时所建，其建筑面积200多平方米，里面供奉着天后娘娘，附近信众常来此朝拜许愿。

民国时期，这里叫和平乡，老人们称这里为溪头墟。夫人庙的信众主要是附近村民，每逢农历初一和十五，前来上香朝拜的人非常多，庙会时甚至能达到上千人。

夫人庙，位于溪头河畔，依山傍水，古木护佑，郁郁葱葱。庙旁河流，常年水流湍急。没有开通公路时，山里的竹木都是靠水运，每逢农闲时节，河中都会传来放排阿哥的号声。

据村里的钟姓老人说，有位绅士的儿子名叫“鸿古”，出洋做生意回来，建议建宫立庙。在他的倡导下，很快就把妈祖庙建起来了，也就是如今的“夫人庙”。

夫人庙里香火鼎盛，一年中有三个日子会举办比较大型的祭典活动：

第一个是农历正月十二日，这一天是开坛祈福日。人们在新春之际，抱着向上向善的美好愿望，来到庙里求签，祈求好运。

第二个是打醮日，这是一年中最隆重的节日。此庙打醮定在农历五月初五日，也就是端午节。打醮是一场规模较大的祭祀妈祖的活动，前后要花两天两夜时间。

具体流程如下：农历五月初四上午信众们早早来到庙里，整理布置场地，张贴喜庆对联，并准备三牲祭品。初五既是端午节，也是妈祖太太的打醮日，四面八方来参加的有千余人，理事会从外地请来乐队戏班，还有龙灯、船灯和“十番”（十番，是福州的地方音乐，从龙灯舞和打击乐中发展而来。其乐器有笛、管、笙、椰胡、大小锣、大小钹、云锣、狼丈、木鱼、檀板、清鼓等13种）等，有时还从上杭白沙请来木偶戏。

上午9时整，打醮扛菩萨巡村，名曰“迎祥集福”。先是鸣锣开道、点炮、彩旗仪仗，接着是穿着黄色服装的抬轿人员，后面紧跟着龙灯、乐队和“十番”。打醮巡游进村时信众人户门前都摆着香案，其上放供品三牲，并点燃喜炮迎神。巡游至晌午才能回庙。

中午餐前，要进行“上表”。一般用黄纸书写人名，由主持仪式者宣读，祈祷风调雨顺、国泰民安。

下午有精彩的文艺节目表演。第一项是打龙灯拜神，表演人员用精湛的技艺打出“天下太平”等字样。接着是相声、小品、山歌、舞蹈等。伴着锣鼓“十番”唢呐，会场常传出一阵阵欢乐的喝彩。

打醮的最后一个环节，就是当天夜晚须送“小鬼”。下午准备好纸钱、古衣、“三界通用币”、香蜡、连炮、用米粉做的粄子、一桶粥和两只公鸡。到夜深人静时刻由法师和几个帮手，先由法师念经“出煞”，即赶庙中邪鬼到河边。点上香烛，把粄子、米粥倒入河中，传说这能让鬼吃个饱，之后一切邪祟不能在村中作恶，随水而去。

完事之后，回到庙中点燃高香由理事人读谢表。

最后一个是庙会日，这一日是年终完福。凡是年初时祈了福愿的，要在腊月初九上午，带上香烛、清油纸币、三牲酒品、鲜果等，来到庙中还福。

20 世纪 60 年代，夫人庙被用作粮站仓库，庙中的妈祖菩萨，被迁至民主村车通山的寺庙，以供香火。但车通山路途遥远，不便老人上山朝拜。理事会征得多方同意，决定在民主村溪头河岸择地重建夫人庙。

城厢镇妈祖文物综述

◎邱广隆

一、城厢镇妈祖庙宇的分布情况

城厢镇共有13座妈祖庙：下东村廖屋天后宫、灵通村水口天后宫、文溪村太福山妈祖庙、东云村神树岗妈祖庙、下东村寨背天后宫、汾水村宝德天后宫等，大部分是清朝年间修建的，其中修建最早的建于明朝中叶。

城厢镇有4座保存较好、规模较大的天后宫，分别是下东村廖屋天后宫、东云村神树岗天后宫、灵通村水口天后宫、文溪村太福山天后宫。

1. 下东村廖屋天后宫：坐东北朝西南，占地面积为730平方米，分前后二堂，左右各一列偏房。大门上方有石质匾额，为竖放，上刻“天后宫”三字，大门左右书对联：“海上功名第一，闺中圣迹无双”，门前立石狮子一对。天后宫在乾隆二十年（1755）、嘉庆九年（1804）两次重修，主体建筑虽然庙宇始建的具体年份已不可考，但粗略估计至今已有500多年的历史。

2. 东云村神树岗天后宫：始建于明清时期，坐北朝南，建筑面积约200平方米。庙里主供妈祖，还供有白马福主、五谷大帝等，祈佑风调雨顺、国泰民安。

3. 灵通村水口天后宫：始建于清朝道光年间，1966 年被毁，1993 年重建，天后宫建于水口处。

4. 文溪村太福山妈祖庙：建于 1936 年，客家式建筑，分上下厅，上厅正中供奉妈祖神像。神像两侧对联为："圣恩深广大，母德配乾坤"。厅中另有两柱，上书对联："圣光灵堂金炉万年香灯火旺，护国护民风调雨顺国泰平安"。

二、妈祖的祭拜仪式

每年的农历三月二十三日是妈祖的降生日。早晨，进香的信众便早早备好牲品、香烛、纸宝来敬祀妈祖。善男信女摩肩接踵、络绎不绝，上午 10 时祭拜仪式正式开始。

（一）鸣炮奏乐

（二）祭典开始

（三）全体肃立、上香

（四）鸣锣十三响

（五）行叩拜大礼（奏乐）

（六）宣读祭文（由主祭者宣读）

（七）三献礼开始（礼乐），全体跪拜（初献礼，终献礼）

（八）焚祭文，焚宝帛

（九）鸣炮

（十）礼成

整个祭典过程，气氛庄严而肃穆。祭典仪式完成后，进香的信众手执香火，秩序井然地列队在妈祖的祖牌前进香祭拜。

三、妈祖文化的影响

妈祖之所以成为人们敬拜的女神，首先是因为妈祖的美德。在信众心目中，“妈祖形象尽善尽美，妈祖精神包含着真善美的价值和道德内涵。信众信仰妈祖，意味着认同妈祖所代表的真善美价值观和道德观”。妈祖的形象是慈祥、博爱、无私、勇敢。

妈祖所代表的完美道德品质：忠义孝悌、救民疾苦、扶危济困、乐善好施、见义勇为、无私正直，形成了一种精神力量，并汇入中华民族传统美德体系之中，影响着代代炎黄子孙。

下东廖屋天后宫

◎邱广隆

下东村廖屋天后宫，位于武平县城厢镇下东村廖屋，始建具体年份已不可考，估计大约始建于明朝，是本县较早的天后宫。庙宇坐东北朝西南，占地面积为730平方米，长2 8.4米，宽25.7米，分前后三堂。大门上方有石质匾额，竖放，上刻“天后宫”三字，左右书对联：“海上功名第一，闺中圣迹无双”，门前立石狮子一对。

厅堂中间的香坛上供奉着妈祖神像，妈祖梳帆形髻，寓意心系大海，身许大海，终身不嫁志向。神像穿对襟上衣，衣服以海蓝色为主调，代表海水，寓意永保世人吉祥平安。妈祖旁边有两位女侍者，手持芭蕉扇站立一旁，栩栩如生。两旁柱子上书：“看秋月春葩无非妙谛，听晨钟暮鼓尽是禅心。”

天后宫负责人热情地为我们介绍天后宫的情况。

相传，明朝成化元年（1465），下东廖屋的廖利端赶考，高中后返乡途中突遇狂风大作、暴雨骤降，江面上十条船沉了九条，廖公心里害怕，跪于船头向妈祖祈祷：“妈祖太太保佑，妈祖太太保佑！若回家途中留下性命，立即在廖屋祠堂供奉妈祖太太神位”。话音刚落，船桅顶上就闪现一道红光，只见一红衣女神端坐上面，随即风平浪静，廖公所乘的船转危为安，众人性命得保。于是廖公回家后马上将廖氏宗祠改为天后宫，主祀妈祖。

人们按自己愿望和理想，把妈祖塑造成慈悲博爱、护国佑民的女神，目的是教化子孙后代弘扬济世精神。

天后宫曾在乾隆二十年（1755）、嘉庆九年（1804）两次重修，天后宫后墙上立有一石碑，其上记载了乾隆二十年（1755）时的重修事宜。

1966 年，天后宫关闭，改成了生产队的牛栏、仓库。改革开放后，天后宫得以重修。在善男信女、热心人士的鼎力支持下，1980 年上宝镜、1981 年重新雕刻各尊佛像。2014 年 7 月下东廖屋天后宫被列为武平县第七批县级文物保护单位，并于 2015 年再次重修，完成了前后三堂的修缮。现在天后宫除主祀妈祖神像外，还供奉着观音菩萨、如来佛、定光古佛、地藏菩萨、五谷菩萨等十八尊佛像。

下东廖屋天后宫有四个重要的举行祭典的日子：1. 农历正月十九祈福日；2. 农历三月二十三妈祖诞辰日；3. 农历七月二十九满堂主佛、地上皇、五谷菩萨开光日；4. 农历十月初三还福日。

东岗妈祖庙

——太云寺

◎练康豪

武平县城厢镇东岗村妈祖庙一直建在东岗水口。妈祖庙内有三个大殿，供奉着妈祖、观音、如来、古佛韦陀等数十尊道释神仙菩萨，又经营蒸酒、豆腐等日常食物，是东岗村人活动最频繁的地方。妈祖信仰何年何月从何地传来，无记载可考。

20世纪50年代时，庙中大小数十尊神仙菩萨悉数被毁坏，并弃于门前溪中。改革开放后，寺庙逐渐恢复。信众们从太平山妈祖庙中虔诚请回香灰，又捐资在东岗南面的谢子顶建起了犹如县城北边李氏宗祠规模的寺庙。后来因管理不善寺庙失修而多处塌陷，庙中蛛网缠绕、杂草丛生，逐渐荒废。

2009年，谢子顶下的东岗小学搬迁。小学搬迁后，热心人士集资8万余元，在此兴建太云寺，信众投工投劳，当年即重建完毕。谢子顶寺中的数十尊神仙菩萨全数迁到太云寺，妈祖庙设在太云寺古佛左侧，供奉妈祖娘娘、吉祥子等，每日打晨钟，敲暮鼓。每年逢农历三月廿三、九月初九，寺中会摆三牲，念经书，隆重祭拜。妈祖庙面积 24 平方米，设有签筒、签书（28 签）。妈祖娘娘端坐厅堂正中，两侧书对联：“天妃慈云荫福地，圣母神威镇乾坤。”横批：“福光普照”。

妈祖信俗在东岗村历史悠久，几度搬迁，到此始为安定。

中山古镇一河十里五座妈祖庙

◎林文锋

一条河孕育一座城。地处闽粤赣边的中山古镇，就是武溪河孕育下的一座城，它如老酒般沉淀了千年，飘香了千年。中山古镇往南，沿着武溪河，可汇韩江下潮汕；往北翻过长安山，走几十里山路，又可涉湘水，入赣江。处闽西，控粤东、扼赣南，不说宋代时武平建县于此，也不言明代时设千户所驻军于此，仅话那“盐上米下、盐上木下”的往事，就有诸多繁华。20世纪80年代，一座座水库开始兴建，再加上陆路交通的改善，使“放排下潮汕”慢慢成为古镇的回忆。今天的武溪河虽已不能再现古镇昔日景致，但一河十里依旧可以寻访到昔日所建的五座庙庵。这五座庙庵，正不断述说着武溪河昔日的荣光。

这五座庙庵，虽然名字不同，但都供奉相同的菩萨——妈祖娘娘。相传，妈祖名林默，是北宋时期的奇女子。妈祖被奉为海神，其庙宇大都建在沿海，但在闽粤地区通船的内河码头，妈祖也被请了来，建庙以供奉，祈求保佑靠水运谋生的人出入平安。作为闽粤赣边水陆中转站，中山古镇自然也缺不了妈祖的神位。武溪河从中山古镇流至阳民村不到十里，这短短一段河岸却先后建了五座妈祖庙。

城中村妈祖庙

武溪河向南流，放排行舟的起点就在古镇对岸的大河背。大河背现在是中山镇城中村，在古时则是中山古镇的交通枢纽，与古镇之间，由树德桥相接，往北是闽赣官道，潮汕的盐从这里上岸北运至江西；江西的山货在这里下水南去至潮汕。妈祖庙就安静地坐落在大河背，据地方志记载，大河背妈祖庙建于清朝同治年间，已有百年历史。庙宇大门上方有鎏金“天后宫”牌匾。庙右侧建有一栋屋舍，为外地船家、放排工人的住处；庙左侧竖有桅杆，上刻蛟龙缠柱纹，象征航行时一帆风顺；庙正前方还建有一戏台，为庙会演出时所用。随着古镇水运业的没落，如今的大河背妈祖庙，显得小气了好些，鎏金“天后宫”改成了“妈祖庙”牌匾，外地船家和放排工人所住的屋舍、桅杆、戏台也已不见，不过庙里的妈祖娘娘神像还在，庙宇厅堂的格局依旧。古时候在放排行舟前，船家和放排工前往妈祖庙祈祷平安的场面已不在，但古镇人，特别是大河背村的人，依然信奉妈祖，每年农历三月二十三日会在庙里举办庙会，正月十三至十九日会在庙里上灯，农历每月初一和十五也依然有信士来敬香。

相比大河背妈祖庙，一公里外的武龙山寺所处的位置更加显眼。仅看寺名很难让人将其与妈祖连在一起，但武龙山寺却是中山古镇里历史最为悠久的一座妈祖庙。“武龙山寺”这个名字没有多久的历史，其前身是武龙天后宫，也称“武龙宫”，始建时间要追溯到明朝正德元年（1506)。“武龙天后宫”，这样的名字一眼就能看出这是一座祭祀妈祖娘娘的庙宇。明朝时，朝廷在此驻军并筑城，筑完老城筑新城，但筑新城时人们发现，新城东北方地势凶险，前是武溪河牛牯滩，水流湍急，常有覆舟之危；对岸是武龙山，但此山不像龙，却像虎，眼睛盯着对岸的新城。为化解地势之凶，古镇人围绕“蛮牛”与“猛虎”开始布局。先是在武龙过江（猛虎跃滩）处建了座妈祖庙，即武龙天后宫；后又在周边先后建了七座塔，曰“七鞭打猛虎”，也有“立塔拴舟”之意。今日的武龙山寺，背靠武龙山，面朝牛牯滩，虽然山与河都已温驯了许多，甚至滩被开发成了小区，但依然可感受其背山面水的临河之气及交通要冲之势。遗憾的是，20世纪60年代天后宫被毁，1987年重建后主供天上圣母妈祖娘娘，另外，庙中还供奉定光古佛等其他神祇，到2014年重修时，武龙天后宫易名武龙山寺，主供定光古佛，妈祖神像供于侧殿。

武溪河从武龙山寺前流过，至三里外的太平村三江口时，又见一座妈祖庙。三江口，顾名思义，此处为三条河交汇的地方。武溪河分别与平川河、文溪河交汇，交汇点相距不足50米，河面瞬间变得开阔。在文溪河口宽阔水面的东岸，有座叫太平天后宫的小庙显得格外显眼。说是小庙，其实面积比大河背的那座要大很多，但这庙的修建年代要晚许多，看风格即知是近几十年建的。太平天后宫是分两次修建的，第一次修建是参照传统的庙宇中间设天井连接上下堂的布局，上堂供奉天上圣母（即妈祖娘娘）；

第二次是在上堂后面加一堂屋，供奉定光古佛。有位信士说，这天后宫实际上是在旧址上重建的。原本此处就有天后宫，庙内还有一棵数百年的老树，后来庙被毁，树也被砍了。古时水运兴盛时，三江口是武平境内船只最多的地方，修建天后宫不足为奇，为何如今古镇的水运已经停了还要新建天后宫供奉妈祖娘娘呢？这是因为信众需要心灵寄托。其实细观太平天后宫，也不完全是新的，庙内的石香炉、庙外的妈祖神像石柱都是原天后宫的旧物。

从三江口开始，武溪河不管是看水量还是看造型，都像一条奔腾的龙，古人称其为“龙河”。巧合的是，离三江口不足三里的地方，龙河遇上了龙山，碰撞出了激情。龙山是从武平县第二高峰长安岽蜿蜒而来的支脉。龙山与龙河相遇处为龙头湾，龙河拐过龙头湾，傍龙山而流，其岸有龙济岩，岩穴内有供奉天上圣母的龙济岩庵，这里也是武平县的古八景之一，因外形如巨龙张开的嘴巴，一帘飞瀑从龙额倾泻而下，形成独特的雨霁景观而又名“龙岩雨霁”。龙济岩庵就是“龙嘴”里含着的一座小庙，明代县志对此庵有记载，而今看到的显然不是当时模样。客家人多信奉神佛，常将众多神佛一同供于一庙。龙济岩庵中而今除供奉天上圣母外，还供奉着其他十余尊神佛，谁主谁次，也许只有摆菩萨的人才说得清了。

与其去分辨庵中菩萨的主次，不如听一个故事：明万历年间，有位叫危守志的古镇青年，家穷却志不穷，热衷读书。他的老丈人看不起他，为此他离家住在了龙济岩庵中，与妈祖娘娘的神像为伴，专心苦读。他因全神读书，在端午节吃妻子送来的粽子时，甚至错把墨砚当成糖盘来沾，弄得满嘴乌黑，最后中举获得功名，成了传世佳话。后来，人们渐渐忘了龙济岩庵是一座妈祖庙，而是当作名人读书处，以古人的励志故事吸引着寻访者。

被故事冲淡庙宇修建的初衷、使人渐渐淡忘的妈祖庙，除了龙济岩庵，还有地处阳民村曾家堀水口的坦石庵。坦石庵距龙济岩不足一公里，建筑面积只有 20 来平方米，面朝武溪河，背靠 205 省道。其实这庵，原本是傍山的，庵前还有一亭，曰“坦石亭”，是古时建在官道上的一个供人休息的小亭。后来此处修公路，坦石庵迁到坦石亭旁边，如今庵侧依然可见坦石亭遗址（仅剩两根石柱）。何为坦石？其实在曾家塅水口的河中，有六块较大的石头，水口旁的山顶上也有一块摇摇欲坠的巨石。水路并不平顺，但此水口是中山古镇和武平县城从水路下广东的必经之路，河中、岸上都有大石，船行至此，自然要多几分小心，船家们小心行船，但也希望水神妈祖娘娘能多保佑，于是在水口旁建了这座坦石庵，祈佑水路平坦，行船顺利。

中山古镇，一河十里有五座妈祖庙，这五座庙，现在不论是主供妈祖娘娘，还是附供妈祖娘娘，都是古镇曾经繁华水运的见证者、讲述者。

万安上镇石壁下妈祖庙

◎池友昌

石壁下妈祖庙坐落在万安上镇石壁下村，整座庙坐东南朝西北，是客家民居的建筑风格。妈祖庙旁边有座五谷庙，始建于1923年，初建时庙中还建有亭台，后亭台毁损，留下大殿，共三间房，总建筑面积80平方米，庙内主神为五谷菩萨，另外还有私人寄放的小菩萨十尊。五谷庙又叫“夫人庙”，2014年该庙理事会筹划在庙宇左侧新建一座庙，用于供奉妈祖。妈祖庙建成后，在妈祖两侧还放了六尊小菩萨，两庙由理事会指派专人管理。每年农历三月廿三、五月廿五、八月初一和九月廿三，善男信女都到两庙上香、拜佛。

五谷庙历史不足百年，而妈祖庙历史不足十年，两庙相伴，同排朝向，地处万安上镇三石壁下水口，庙前有水泥硬化了的大路，通往石壁下村。庙南有一座可往上镇村的大桥，大桥下是由万安贤溪村小溪和石燎阁小溪合流而成的小河。

妈祖庙前有一块宽敞的水泥坪，常用作庙会场地，庙会时理事会还会在此地举办美食节。根据上圳村村民提供的统计数据，庙会期间，人数最多时超过2万人。

万安贤溪村樟树夹妈祖庙今昔

◎池友昌

樟树夹妈祖庙地处贤溪村南端，坐落在樟树夹山岗岭脚下，坐南朝北。庙前有一条小溪，溪水由贤溪村壁崇背而来，水质清澈，没有污染。庙址距原省道205线0.7公里，庙前道路全部用水泥硬化，可通汽车。庙宇北面可见武平万安白莲塘水库的重叠群山，西边是万安捷文村金山顶，东边是梁野山边垂下来的池屋毕子顶。

经多方了解、考证，此庙始建于1853年，已有167年的历史了。初建时庙宇比较小，但百多年前却香火十分旺盛。据说，120多年前，善男信女们商议搬迁妈祖庙，最后决定从樟树夹迁到贤溪村大路下村房后的大田墩，距原樟树夹妈祖庙600米左右。新的妈祖庙很快便落成，占地面积约180平方米，周边稻田约有40亩，由于妈祖庙建在稻田中，善男信女们都觉得不太方便，香火就没有原来那么旺了，后来此妈祖庙被损毁。

贤溪村樟树夹妈祖庙

1993年春，在钟先生的牵头下，香客们在樟树夹原址重建了妈祖庙，香火又开始旺了起来。后来，这里香火越来越旺，妈祖庙占地120平方米左右，醮会时逐渐无法容纳越来越多的香客，信众们便谋划扩建。妈祖庙理事会终于筹集了十多万元，2013年开始进行扩建、改建，善男信女们建寺庙的热情都很高，有钱的出钱，有物的献物，有工的出工，很快屋顶全部铺上了琉璃瓦，厅堂、厢房、厨房、杂物间、卫生间都有了相应的配套。建好的妈祖庙占地近200平方米，建筑面积100平方米左右。2014年三月初八，理事们从福建莆田引入湄洲妈祖的分灵宝像。现在，庙内供奉的主神是妈祖，还供奉观音菩萨、财神等。每年农历正月廿三日、三月廿三日、九月廿三日和十一月廿三日都有善男信女前来上香，祈佑国泰民安、风调雨顺。

周边城县也有不少的信众前来朝拜。这样，场地又显得狭小了。几年后，理事会又筹集资金扩建庙宇，还用铁皮搭了约 200 平方米的大厅。现在的妈祖庙占地 600 平方米左右，醮会时可为文艺演出提供能容纳 300 人左右的场地，可办 30 多桌的桌席。如今，妈祖庙格外宽敞，院内外清洁整齐，香客络绎不绝，香火越来越旺。

万安贤溪金山堂妈祖庙今昔

◎池友昌

万安金山堂妈祖庙（与古佛堂相邻），坐落于武平县城往北约 10 公里处的万安镇贤溪村新营组 39 号，始建于明嘉靖三十四年乙卯岁（1555），距今 466 年。始建人为本县李姓祖先，字子惠，号官山。妈祖庙建在古佛堂左侧，是一个规模不大的小庙，原名“朝泰庵”。妈祖庙、古佛堂都是客家民居风格，坐西向东，背靠金山寨，面朝梁野山，是个难得的好地方。在妈祖庙 400 多年的历史中，对传承中华传统文化、弘扬行善积德、倡导忠孝礼仪的中华美德，起到了很好的作用。因此受到了本镇周边及邻镇永平、城厢信众的信奉，香火越来越旺。

金山堂妈祖庙与相邻的古佛堂，400 多年来也经历了几次挫折。两庙在武平寺庙中算是较早修建的，创建人购地十多亩，用于种植水稻、蔬菜、小果树，收入用于寺庙的开支和修缮。寺庙香火旺盛。20 世纪 60 年代庙中神像被毁，接着寺庙也倒塌了。久而久之那里就成了杂草丛生的荒地，一片凄凉。改革开放后，热心的香客提议重建朝泰庵。此后便在旧址清理寺庙场地，同时筹集资金，开基备料。用了三年的时间，妈祖庙和古佛堂才得以重建。妈祖庙正中供奉妈祖，两边供奉五谷大帝和华光大帝；古佛堂上厅正中定光古佛，左右两侧还放了十多尊菩萨（有的是私家寄放），下厅有一尊弥勒大佛。从此两庙又恢复香火。1997年，因香客不慎，引发火灾，妈祖庙被烧得面目全非，幸好旁边的古佛堂安然无恙，不久热心香客又牵头重修了妈祖庙。

2012年，金山堂迎来了一位热心女香客来此朝拜，她看到这里风景优美，承诺出资两万元把金山堂原先的屋顶改成琉璃瓦屋顶。在虔诚香客们的帮忙下，庙宇旧貌变了新颜，此后金山堂妈祖庙的香火更为鼎盛。农历的正月廿九日、九月十九日、十一月廿六日，是金山堂打醮的日子，每逢打醮，都要摆30多桌供信众吃饭。

从县道通往金山堂，是一条长约两公里的简易水泥路。此路是信众自发捐资修建的，一路上古木参天，山林浓密。据林业资料显示，这里山林总面积有一万多亩，森林覆盖率达98%以上，自然生态完好，还有不少原始森林。山里还盛产野生的红菇、香菇、灵芝、喇叭菌、梨菌、鸡爪菌、粉干菌、网子菌等，这些山珍能让周边百姓一年增加不少收入。老百姓说："朝泰庵的大山像金山银山，满山遍野都是宝。"正因为这样，人们就把朝泰庵改名为"金山堂"。

除了环境优美，山里还有很多野生动物，不但有山鸡、野鸽、猫头鹰、老鹰，还有野猪、黄猄，甚至还有人见过野牛。

金山堂旁的河边，还有一道亮丽的风景，那就是长达1.5公里的芭蕉林，风吹来，芭蕉叶簌簌作响，在阳光下明亮秀丽，使人深感大山处处是宝、处处是景，十分好看。

现在，成立了金山堂理事会，并实行分工负责制。基建、维修、财务、消防、环境卫生、慈善等事务都由常务理事分管，做到既分工又合作。寺庙还新建了大饭厅，拓宽了几个路段，建了停车场，恢复了庙前的老路，树了功德碑，还新设了观赏休息景点等附属设施。

万安小密村水口妈祖庙

◎池友昌

万安小密村水口妈祖庙坐落在小密村水口上，坐西南朝东北，客家民居风格，建筑面积约10平方米，庙前方是小密村小溪与东山洞小溪相交流至水口的小河，水质非常清澈，流向捷文饮用水水库。

庙内供奉妈祖神像，还有千里眼、顺风耳等，每天有信众来敬香。该庙也有曲折的变迁史，据当地老人提供的信息，一百年前妈祖庙曾经建在现庙址前10米左右的路坎上，面积不足十平方米，建得比较简单，20世纪60年代遭到破坏，后来因乡村道路扩宽，旧址就此废弃。

1996年，热心人士为恢复该水口妈祖庙，在原址附近勘察选址并建起了妈祖庙。香客的善款主要用于庙宇扩建。2004年成立了理事会，并选举了理事长。

每年农历三月廿三日是妈祖太太的生日，那天信众们都要去敬香，像过节一样，会杀鸡杀鸭，做粄子。后来这一天渐渐又演变为走亲戚的日子，整个村子显得格外的热闹。

武平湘坑妈祖庙

◎何家斌　何国锦

湘坑天后宫

武平县湘坑妈祖庙，坐落于桃溪镇东北角的大山深处，这里风景秀美、人杰地灵。湘坑人对妈祖太太极为崇拜，妈祖信仰对湘坑人的生产生活产生了极其深刻的影响。此庙是武平县妈祖庙当中最为宏伟壮丽的一座，历史上曾经历过五次修缮和扩建。

明朝嘉靖年间，春夏雨季水量大，会引发河水暴涨，形成山洪，山洪横冲直闯，经常冲毁良田、冲垮桥梁和两岸屋舍。在当时的社会条件下，人们的科学知识十分贫乏，在自然灾害面前更是束手无策。人们传说有河妖作祟，于是便有人建议在河道边上修建宝塔以震慑。族中长老对水患毫无对策，无奈之下同意一试，于是成立了筹建理事会，准备在村中央建一座“天后圣母宫”，祈盼神灵能护佑村民平安。

理事会诸公不负众望，订方案、鸠材工、督修造。村民献计策，出丁费，捐财资，任劳任怨。历经三年，才建起了矗立于村中央的天后圣母宫，并确定每年以农历三月廿三日天后圣母的生日为醮会日，众人同拜妈祖。

自此，湘坑人和附近村子的香客开始弘扬妈祖精神、彰显妈祖功德。

清朝乾隆年间，天后宫香火旺盛，由于香客众多，庙宇显得狭小，已不能满足香客进香、摆祭品、放爆竹等活动的需要，遂将天后宫迁移至湘坑村水口。此为湘坑天后宫的第二次修建。

1958 年，天后宫曾被用作湘坑村钢铁厂的杂物堆集地。风雨侵蚀，年久失修，到后来天后宫已是东倒西歪，破烂不堪。

1982 年，村里的何氏宗亲在族中长老的带领下重建此庙，庙宇重焕光彩。

1994 年，在部分旅外何氏宗亲带领下，将此庙改建成砖木结构，是为第四次改扩建。

2017 年，适逢盛世，国富民殷。近千位乡贤、善男信女慷慨解囊，共捐资 200 余万元，建成一座占地 2000 多平方米的妈祖庙。从整体上看，天后宫设计考究、高雅大气，造型美观、气势恢宏；从细处看，天后宫飞檐翘角、雕梁画栋，图案精美、错落有致，花草虫鱼栩栩如生、惟妙惟肖。缠绕在天后宫四周的夜景灯，五彩缤纷，在灯光的映衬下，庙宇更显金碧辉煌。同年 10 月 31 日，乡贤和信众约千余人参加了妈祖圣母的升龛庆典仪式。武平汉剧团等三个文艺单位在庆典日进行了精彩表演。会场内外人头攒动，锣鼓喧天，好一派热闹场景。

新建造的天后宫有热心人管理，庙宇内外整洁有序，进入这里的人，会油然生出肃然之感，远近香客、信众都慕名而来。

天后宫殿内，妈祖神像前供品常鲜，终日烛光不息，香烟袅袅，人在其中会恍然有身处仙境之感；殿外，绿树婆娑，鸟语花香。

天后宫旁的罗墩，草木葱茏，繁花吐艳。这里有一处雅致的六角亭，游客们在此一边欣赏庙宇景致，一边谈天说地。六角亭南侧有一座凯旋门，似是在时刻等待迎接旅外乡贤归来；一条水泥路穿凯旋门而过，直通县城。六角亭北侧杨柳依依，湘坑溪水正流向远方……

如今，这里已成为旅游赏景的好去处。

湘里天后宫

◎梁玉清

武平县桃溪镇湘里村水口的天后宫，位于湘店与桃溪之间，紧邻205省道，依山傍水，修葺一新，成为乡村一道亮丽的风景。

湘里天后宫始建于明朝，未山丑向（即坐西南朝东北），占地1500平方米，建筑面积400平方米。

湘里天后宫重修前为全木结构，大殿高13米，殿内宽敞明亮，雕梁画栋，有龙凤山水、八仙人物，栩栩如生。

天后宫较大规模的维修有两次。其中，清朝乾隆四十九年岁次乙巳(1785)，由王氏族人殿才公牵头在旧址进行重修并扩建。正面及左右外围为土木结构，中堂楼分三层，全木结构。一、二层各高五米，三层高约三米。二楼四周有围栏，围栏上有壁画且配诗，内容丰富。为防火灾，二楼地板下铺有细沙和火砖。三楼屋檐四周较低，人匍匐才能通过，中间有约三米高的中心柱直通屋顶。屋顶正中有一陶制大葫芦。天后宫的楼梯，设在每层大殿的屏风后，均为二十三级，意为农历三月廿三日——妈祖诞辰纪念日。

二楼供奉天上圣母，神像笑容满面、神采奕奕，做工十分精致。清朝乾隆年间重修天后宫时有一个神奇的传说：修建天后宫时需要大量的铁钉，因当地铁匠很少，所以无法满足施工所需。施工人员正为定制铁钉发愁时，有个铁匠却从江西会昌挑来两担铁钉，且铁钉的规格数量刚刚合适。施工人员感到诧异。送铁钉的铁匠说，这些铁钉是一个中年妇女到他们那里定做的，并讲了这个中年妇女的容貌。大家都说是妈祖来解困了。

天后宫历经沧桑，新中国成立初期，在此设公立湘里初级小学；后来在此设桃溪公社、竹木器加工厂、缝衣加工厂及耕山、桐山副业专业队等；20 世纪 60 年代时这里遭到严重破坏。

桃溪镇湘里村天后宫

如今，重新修建的天后宫，保持了原有建筑的风格，二楼仍然供奉着妈祖娘娘，那口清嘉庆二年岁次丁巳（1797）冬月、由江西吉安匠人铸造的、重达 300 多斤的生铁钟也依然在见证着时代的变迁。

天后宫一楼大厅安装有电视屏幕，还配有乒乓球台、器乐等文体设施，成了人们祈福和休闲的好场所。天后宫还配有夜灯装饰，恢宏壮观。庙外古树成荫，绿水长流，与一旁新建的小区相得益彰。

小澜天后宫

◎张自贤

小澜天后宫，坐落在武平县桃溪镇的小澜村，风景秀丽的小澜河（也称“桃澜河”）穿村而过，修建在河岸的小澜天后宫，是一座古朴的庙宇，依山傍水，雄浑幽静，庄严威仪，显现出玄邈悠远的沧桑。庙宇四周有许多蓊郁苍劲的古树，树上缠绕着绿叶纷披的藤萝，让人油然生出安谧宁静的情怀。我们怀着虔诚的心情，走进这座森然静穆的庙宇。庙宇供奉的是被广大信众尊为“天上圣母”的妈祖娘娘，当地人俗称为“妈祖太太”。这位被沿海渔民尊为“海神”的妈祖娘娘，逐渐成为在江河湖海里讨生活、从事水上作业的百姓们共同的信仰，被广大信众们尊为“水神”和“风雨神”，享受着鼎盛香火绵延不断的奉祀。

根据考证，自清朝末年以来，桃澜河两岸的居民，在从事农耕稼穑的同时，还会砍伐竹木，以经营木材作为副业，贴补家用。他们将竹木从大山之中扛出来，扎成长长的木排，水运到潮州汕头，进行木材与货物的交易。因为一路需要跟河流和水路打交道，要面对急流险滩，日晒雨淋，风餐露宿，为了祈求一路平安，交易顺利，人们对妈祖的信仰极为虔诚。因而，这里的天后宫香火极其旺盛。在我们进入庙宇的片刻时间里，就已有好几位老人家恭敬虔诚地进来上香。

这座古老的天后宫，占地300多平方米，背靠苍莽的群山，面临潺淙的流水，门楼坐落在河流环抱的凸岸上。整座庙宇红墙碧瓦，雕梁画栋；飞檐翘角，金碧辉煌。大殿里供奉的妈祖神像，慈容端庄，法相庄严，有慈爱神圣的威仪，令人不禁肃然起敬。尤其让人惊叹的，是天后宫南侧的八角门楼，古色古香，气势恢宏，令人瞩目。门楼的两侧，蹲伏着两只雄健的石头狮子，形象逼真，栩栩如生。再看古朴典雅的鼓形门当的上方，立着两只姿态威猛的麒麟石雕，惟妙惟肖，活灵活现。门楣上头描龙画凤，绘有珍禽异兽和奇花异卉，造型独特。门框两边刻着“四海龙鱼归圣化，千秋士女仰慈仁”的楹联。整座门楼外观雄伟，工艺精湛，在全县所有天后宫当中，这座天后宫的门楼，绝对可以说是独一无二，最为豪华。

我们盘桓在古老的天后宫，饶有兴味地参观庙中的陈设布局，被这里得天独厚的地理形势、巧妙的设计、精湛的工艺、古朴的风貌深深吸引，久久停留。我偶然发现庙宇外墙根不显眼的角落里放着几块有残损的石碑。我们连忙走上前将石碑扶起来，拂去石碑上厚积的尘土，仔细地辨认石碑上有些漫漶的碑文。原来，石碑上所铭刻记载的，是兴建这座天后宫时当地信众各姓氏房派以及个人出资募捐的具体数额。从石碑下方镌刻的“大清嘉庆十九年季秋月吉日”字样，可以推算出建庙的具体时间为1814年。由此说来，这座天后宫从兴建至今，已经走过了207个春秋，让人体察到厚实的历史沧桑感。

在天后宫门楼的斜对面，横亘着一段残破的老河堤，河堤的背面形成了一泓水流平缓的回水湾，可以停泊许多木排和小船。水岸上有石砌平台，可以为货物的起落和装卸提供便利。据说，这里原来是水运匡兴时期的古码头，曾经是人员往来和商品交易十分繁忙的港口。从古码头沿着宽敞的石砌路拾级而上，到了浓荫遮蔽的半山腰，就是曾经盛极一时的小澜圩。这座古老的河埠小码头，原本是历代桃澜人对外开放的前沿窗口，也是当时大山乡民走出山门的始发地。在过去漫长的岁月里，曾经演绎过无数盐上米下、通商贸易的传奇故事。

湘溪村天后宫

◎林建华

从武平县城向桃溪镇湘溪村方向，约 20 分钟的车程，行至一个崇山峻岭环抱下的小村庄，那里便是湘溪村。迤逦蜿蜒的湘溪穿村而过，两岸居住着淳朴勤劳的村民，他们日出而作，日落而息，世世代代耕读传家，过着恬静悠闲的田园生活。由于群山环绕正好形成一个小盆地，湘溪村就在这盆地之中，每逢春夏多雨季节，常常暴发山洪，河水猛涨，田园、道路和庄稼也常被冲毁，村民们祈愿神灵的保佑，于是天后宫便应运而生。

湘溪村天后宫，位于桃溪镇湘溪村湘溪旁，创建于 1863 年，从莆田湄洲岛分灵而来。庙宇坐南朝北，背靠巍峨大山，面朝一马平川，占地面积约 50 平方米。正门上方“灵照江海”四字赫赫醒目，楹联为“天上神恩昭日月，圣母慈光泽万民”。大殿正中端坐着慈眉善目的圣母金身神像，两旁还供奉顺风耳和千里眼神像。信众分布在附近村庄，有数千人。自天后宫建成后，每逢农历三月二十三日和九月二十三日举行祭典活动，如打醮、庆生日等，尤以打醮最热闹，在这一天，信众们将妈祖像从庙宇中迎出，沿村巡游，各家各户迎神进香。此醮以清宁地方、消灾祈祥为目的，因而它具有很强的民俗性和观赏性，引周边近百里的人成群结队来上香，看热闹。信众云集于此，素身斋戒，顶礼膜拜，虔诚至极。此庙无住持，但终年香火缭绕。

桃溪镇新贡村妈祖庙

◎兰裕明

新贡村，原名“贡市”或“贡下”，地处汀江支流桃溪河畔。从大禾（地名）流向桃溪小澜村而汇入汀江的桃溪河，就从村中流过。在公路未开通之前，从桃溪到大禾也只有一条石砌路，也是从本村经过的。因此，此村在当时水陆交通十分便利，其时溪边有码头，岸上有墟场，是桃溪河畔较为繁华的一个村。有民谣唱：“江西出蛤蟆，福建是老爷；挑担稻米过来贡老爷，换担食盐过去喂蛤蟆。”从中可见此处市场交易之繁盛。

新建的新贡天后宫

正是由于交通的便利，各地人员往来较为频繁，这里与外界文化信息交流也较多。因此，本村在很早以前，就有妈祖信众和妈祖庙。妈祖庙修建的具体时间已无从考证，但据村里老人回忆，民国时期本村的楼下屋仙师宫和燕里村李屋背后的香店子庙里，都供奉有妈祖木雕神像。后来，这两座庙宇也因年久失修而倒塌，现已成两处荒地。

1983 年 7 月，该村信众商议在龙虎山重建文庙和观音庙。大家自发捐

新贡村文庙

款、捐物、捐工，于当年年末建成，并请工匠雕刻了文昌帝君、观音菩萨和妈祖圣母等二十四尊木雕神像，分置于文庙和观音庙两处。妈祖神位安置在文庙文昌帝君右侧。

2011 年，全村信众商议决定集资新建天后宫，专门在村口建一座妈祖庙。在每年农历的三月二十三妈祖诞辰日，信众都会自发举行祭祀朝拜活动。

洋畲人的桥上妈祖庙

◎刘亦农

桃溪镇洋畲村的人，都是刘氏二夫公裔孙，是清朝康熙乾隆年间陆续从湘店镇湘湖村迁来的。繁衍发展到光绪年间，已成为几十户、二三百人的小山村，村里人都信仰妈祖。横亘于村东北方的屏风形的山峰，被称为妈祖嶂。妈祖嶂是洋畲人的水源山、竹木柴草山、避风向阳屏障山，使洋畲成为山清水秀、空气清新的宜林、宜耕、宜居村。以妈祖命名对村子如此重要的山峰，可见在洋畲人心目中妈祖具有举足轻重的地位。村水口处有一座荫桥，名唤洋畲荫桥，始建于清朝光绪年间，连接湘湖至武平县城的石砌古官道，是纯木质结构廊桥，20 世纪 30 年代被烧毁。

1952 年，由热心人士牵头，全村人集资，按原规制在原址重建荫桥：溪两岸用石头砌成桥墩，中间用七根长 6 米多、尾径 20 多厘米的大杉木做杠枕。桥长 16.4 米，宽 4.3 米，桥上修建了一座长 17.3 米，宽 5.8 米，高 6 米的 16 柱屋舍。桥底距溪面 5 米。整座桥用杉木板铺底，中设神龛，主祀妈祖，配祀关圣帝君、赵大元帅。左右两侧设行人休憩座位。为防震颤，杠枕下用老杉木做桥脚、桥架，桥脚固定在大石壁上人工凿成的石臼里，十分稳固。

1990 年，经过近 40 年风雨侵蚀，桥板朽坏，屋瓦残缺，檩椽破损，荫桥亟待重修。村委会与桃溪一位老板协商，用完好的杠枕等优质木材换取工班，最终建成一座石砌独拱、砖柱、瓦屋顶廊桥。

洋畲妈祖桥

2015年冬，由村干部牵头，全村人集资，提高桥面，建成钢筋水泥立柱、琉璃瓦屋面妈祖桥。新桥坚固耐用，气势雄伟，很是抢眼。

古时候每逢妈祖诞辰（农历三月廿三日），升化日（农历九月九日），或打醮、或诵经，家家户户都有人前来敬香，香火旺盛，十分热闹。这里还有个习俗，就是为祈求孩子平安长大，家中长辈会在妈祖座前为孩子“契”个小名，如叫妈祖保、妈祖生、妈祖兴、妈祖发、妈祖华等。

时至今日，这种妈祖情结，仍深深地留存于洋畲人的生活之中。

亭头天后宫

◎林锦华

亭头天后宫，位于桃溪镇亭头村山坳，依山面水，坐北朝南，建筑面积20平方米，厅中供奉妈祖。

据管理人员介绍，该天后宫原属亭头兴隆庵。兴隆庵已有400多年的历史，坐落在亭头河边。当时亭头河还很大，河面最宽处有近100米，是当时交通要道，渡船、竹排都是从亭头河行至桃溪河再汇入汀江，最后直达广东潮州。妈祖菩萨被看作是水上船工的保护神，20世纪60年代末，兴隆庵被毁，妈祖神像也被损毁。1980年，信众捐资在亭头村山坳里重建妈祖庙，以纪念妈祖的恩德，这里香火很旺，农历每月初一、十五和逢九都有人来上香。庙宇有专人管理。

楹 联[①]

护国利民

天上祥云焕彩海河清，圣母恩深德厚佑万民；

风平浪静航船顺利，波涛无险扶救众生；

海河风浪静，波涛航无险；

天上星辰照耀人间，圣母恩德普救万民。

---

① 张开龙主编：《闽西妈祖文化》，九州出版社，2013。

帽村妈祖庙古今谈

◎方如春

1958 年修建公路时帽村妈祖庙被拆掉。2011 年，信众们重置妈祖像供奉在帽村村北的象形山善兴寺内。

帽村妈祖庙，原本坐落在距帽村溪约 150 米的西岸老街上，坐西向东，分为上下两厅，中间有天井，占地 116.63 平方米；庙宇背靠青山，门临街道。大门上方挂一块木制油漆匾额，上书“天后宫”三个竖排大字。门两边贴着门神像。上厅正中的神龛上供奉着头戴凤冠、慈眉善目的妈祖坐像，妈祖像前有一对站立的小菩萨：左边千里眼，右边顺风耳。上厅左右两侧各有厢房。

妈祖庙内圆柱上贴过的对联：

1. 护国显威灵宇宙，庇民敷惠镇江淮；

2. 天上有妃能降福，世间无水不朝宗；

3. 天恩浩荡，后德同天；

4. 圣泽汪洋，母功同天；

5. 养真常守闺中范，救世能成海上功；

6. 生唐显宋功弭广，震古烁今泽更长；

7. 海晏河清仰慈光普照，民康物阜瞻大化无私；

8. 水德配天海国慈航普济，母仪称后桑榆俎豆重光。

每年的农历三月二十三日是妈祖圣诞日，信众会带着各种祭祀品到此朝拜，兼及求签问告。妈祖庙有时还会请来木偶戏班上演木偶戏。

每逢墟天（逢农历的二、三、五、七日为墟天；逢农历的二、七日为大闹市；逢农历的三、五日为小闹市），天后宫便成了米谷交易所，这里还曾经是私塾课读的地方。

一、关于妈祖庙修建时间的传说

帽村妈祖庙建成于清康熙五十三年（1714），由方连祥倡建。

相传，帽村方氏第十五世裔孙方连祥，在28岁那年从亭头水运三架木排至永定峰市，途经上杭大沽滩时，祈求天上圣母保佑平安过滩，安全通过大沽滩后，又顺利到达河头墟，这里距永定峰市两公里，此次放排可算十分顺利，回家后方连祥便倡议修一座妈祖庙。

二、帽村妈祖信仰的起源及历史沿革

帽村人对妈祖信仰的接受与传播是从明末清初开始的。帽村方氏肇居始祖，为避元乱于元末明初来到帽村，至十世，即从洪武年间（1368年前后）至嘉靖年间（1539年前后），约170年，之后始有文字记载与民间传说。新中国成立时，村中仅方、钟、刘等几姓家族，其中方姓占人口的百分之九十以上。所以，下面主要讲述方姓家族流传下来的传说。

1. 在闽浙沿海

据方氏族谱载：明末清初帽村方氏第十二世祖方元臣（1593—1647），“年二十七，贸易吴楚，创资巨万。”他在外三年，做的是靛青生意，辗转闽、浙一带。据有关资料称，明清时期靛青生意红火，利润可观。福建省的宁德、浙江省的兰溪等地是当时靛青主产地。汀州靛商多从此地调拨货物运到江浙苏皖一带销售。当时宁德蕉城区建有天后宫，浙江兰溪等地也建有多座天后宫，均规模宏大，造型精致，至今尚在。帽村的方元臣仅三年就“创资巨万”，于明天启三年（1623）返回帽村，自此做了许多善事。康熙版《武平县志》载：方元臣“朴厚少文，性喜行善，尝捐资修路，煮糜济饥，而教子式谷，克振家声。”相传，他在生前还在会昌县城码头、上杭县城码头、上杭回龙渡、顺昌县城码头等处资助有难处的人，使千千万万人受惠。

方氏族人还有一个传说。方元臣的堂弟方元标，小到大跟堂哥方元臣亲近，经常听方元臣讲在外贸易的故事。1640 年，即清崇德五年，方元标仿效堂哥在闽浙沿海一带做靛青生意，不几年，也赚了好多钱。返乡时，为防路途强盗抢劫，他把铜钱兑成金子装在小菩萨像（妈祖菩萨）的腹内，并且把头发剃光，穿上袈裟，一路捧着妈祖菩萨像化斋平安返乡。他路经帽村附近的集云山时，买下了一间庵庙，作供奉妈祖菩萨之所；另外还在集云山购置山岗、树木和田地，充作蒸尝以备日后供奉妈祖之资。

2. 在汀江航道

（1）学子功名之旅：帽村学子乘船到汀州府参加府考、院考。

从明末至清光绪卅一年，帽村方氏先后有 66 人在汀州府通过府考、院考，从而考取了秀才。方氏总参考人数（童生）应不下 110 人，因每一个考生必须要有一到两个廪生以上身份的人作保到场，再加上每一个考生必然要带一个家人随行料理生活，如此算来总共不下 330 人。府考每年四月（正是多雨月份，河水涨满）举行，院考逢辰、戌、丑、未年岁试，逢寅、巳、申、亥年科试，三年两次。他们从帽村走 10 公里到亭头或走 17.5 公里到桃溪乘船经小澜村到河口，再沿汀江逆水去往长汀。一路上会跟随船工不时喊着“妈祖太太，保佑平平安安啊！”抵达长汀后，先到文庙拜孔圣人，然后到天后宫拜妈祖，以祈求考场平安顺利。准备停当后，才进入汀州试院参加考试。

在这 66 名秀才之中，有父子九人全是秀才的，即前面提到的方元臣的独生子方定生和八个亲孙子，这在帽村历史上仅此一家。其中大孙子名叫方子容，19 岁时经三场四天的府试，又经学政主持的院试，而被录取为秀才。14 年后，被选拔为贡生，次年到汀州府任职，历 28 载。相传，在任职期间，每逢汀州天后宫妈祖春秋两祭，必定随同府、县官员参加祭奠活动。康熙五十二年（1713），方子容卸任返乡。

帽村善兴寺妈祖像

（2）木材水运之旅：清代时这里水运木材盛行，运木人把一根根杉木放入帽村河，木材自此顺流漂至亭头河，绑扎成木排后，再经小澜河到河口，进入汀江顺流入上杭，然后直下永定峰市售卖。全程 10 天左右。在汀江航道上，特别是自上杭以下，江面狭窄，水流湍急，礁石密布，常常发生木排打散，货罄人亡的事。所以，沿江而下，每逢险滩，呼唤妈祖保佑之声便响彻山谷、不绝于耳。

方连祥是帽村水运木材到峰市第一人，同时也是建造妈祖庙的人。

除方连祥外，方树兴和方接仁两位，在当地也很有名。方树兴，清光绪年间人，他一生从事木材经营，不知多少次从亭头搭乘木排到峰市“驳树子”（土语，意为出售杉木）。方接仁，清雍正十二年至乾隆六十年间人，一生往返于汀江与广东潮汕之间。去时把木材、山货运到峰市出售，返时携带一些金银器、药品等。他是帽村为数不多的敢于跨省去广东潮汕地区做生意的人。相传他对妈祖虔诚至极，常常到天后宫进香。

方氏子孙，还有方德惠、方开良、方成山等，也以做木材生意放排为生，在河里讨生活，信奉妈祖。

清朝光绪三十一年（1905）废除科举之后，帽村学子功名之旅随之结束；1958年以后公路运输逐步取代了汀江航运，帽村木材水运之旅也随之结束。

永平岗背天后宫

◎方升照

永平岗背天后宫，位于岗背村和罗墩下村交界处，又称“文庙”，这里交通便利，水泥公路直通庙前。文庙始建于明末，大约1633年，清乾隆十二年（1747）重修。1918年，文庙被县知事派兵放火焚毁。妈祖庙被焚的原因是：1915年县知事许仁寿督征丁粮，永平杭背村（与岗背相邻）秀才廖玉培领导村民拒纳苛捐杂税与县警发生冲突，抗争三年，于1918年被北洋军阀派兵镇压，杭背廖姓被罚款3000大洋。文庙是杭背廖姓人建的，故被北洋官兵放火焚毁。1939年，岗背村刘姓信众捐资献工重建庙宇、重塑了妈祖等神像，20世纪50年代中期，在庙中设立永平粮站和粮仓。20世纪60年代初，在庙中设立永平建筑队。20世纪80年代后期，重新塑妈祖和顺风耳、千里眼等神像。1990年，岗背刘姓信众捐资献工对庙宇进行修缮，2014年再次修缮。

天后宫坐北朝南，占地964平方米，泥墙青瓦，正厅仿若宫殿，飞檐翘角，两侧为平房。正厅供奉着妈祖神像，妈祖两旁是顺风耳和千里眼神像。门上有对联曰：“一杯清茶迎客至，五色祥云送君归。”

永平岗背天后宫的香火，是从武东袁田太平山寺分香而来，妈祖签也是从太平山寺抄来，有28张。庙中香火旺盛，每年农历三月廿三日妈祖诞辰日及农历四月十九日、农历九月十八日为妈祖醮日，是日会念经诵佛，附近信众也会前来上香，祈求五谷丰登、六畜兴旺。

永平孔厦天民山寺和龙归磜妈祖庙

◎方升照

孔厦天民山寺

天民山寺，坐落在孔厦村晏屋岗，系孔厦妈祖信众于1984年兴建，并于当年供奉妈祖娘娘升座。该寺建筑面积378平方米，寺内还供奉有吉祥菩萨和土地菩萨。

孔厦天民山寺

天民山寺妈祖的香火是从武东袁田太平山寺分香而来，备有天上圣母签28张。每年农历三月廿三日是妈祖诞辰纪念日，也是该寺醮日，本地及桃溪、湘店、大禾等地信众会前来进香拜佛，经声阵阵，鼓乐喧天，热闹非凡。每年农历七月十三日及农历十月初六日，信众们将该寺妈祖及孔厦观音堂之观音等菩萨迎至村中祠堂打醮，接受信众敬拜。

龙归礤妈祖庙

龙归礤妈祖庙坐落于龙归礤村水口，始建于明朝末年。庙顶原盖青瓦，后改用琉璃瓦，建筑面积20平方米，坐东向西，庙内只供奉妈祖。庙宇周围风景优美，有参天古树：杉木——树围2.15米，高约35米，冠幅15米×20米；钟萼木（水蜡树）——树围2米，高约35米，冠幅20米×15米；柯木（大叶连树）——树围2.5米，高约30米，冠幅20米×15米。

此庙只是每月逢农历初一、十五有信众前来进香。

永平梁山禅隆寺和
田背永隆寺的妈祖信俗

◎方升照

梁山禅隆寺妈祖像

梁山禅隆寺

梁山禅隆寺始建时间不详，可确定的是清朝雍正七年（1729）重修，有石碑为证。新中国成立初期分给本村村民居住，20 世纪 60 年代寺庙全被拆除。1987 年梁山村信众捐资献工重建。1989 年扩建一次，改寺名为“梁野山禅隆寺”，占地约 3500 平方米，建筑面积 2500 平方米，分前殿和后殿，寺院围墙外有鱼塘，鱼儿游弋塘中，寺门两侧有一副对联曰：“禅林通佛国，隆运启梁峰”。寺内供奉观音菩萨、妈祖娘娘、定光古佛、十八罗汉、二十四诸天等近百尊神佛塑像，有观音签 29 张，定光古佛签 29 张。后来，在寺庙大殿右侧另辟一间厅堂供奉妈祖，面积 30 平方米。

2016 年成立管理委员会。每年农历十月十九日为醮日，信众会抬着多尊神佛塑像在村中巡游，接受香火祭拜；每年农历三月廿三日妈祖诞辰纪念日及农历二月十九日、农历六月初十、农历九月十九日观音诞辰纪念日和农历腊月十九完福日，寺中会念经诵佛，十分热闹。

田背永隆寺

田背永隆寺始建于 1980 年，系由田背、杭背两村钟姓信众合力建造的，分上下厅，2017 年修缮时，将原来的泥墙改为砖墙，建筑面积 420 平方米。永隆寺供奉有观音菩萨、妈祖娘娘、定光古佛等。每年农历十月十九日为醮日，届时寺内经声阵阵，热闹非凡。前往永隆寺有一条大道直通寺前，交通十分便利。

永平昭信田心寺与天后宫

◎方升照

永平昭信田心寺，坐落在昭信村水口，交通便利，寺庙前100米即有乡村公路。庙宇始建于明朝，迄今已有600多年历史。寺中供奉有定光古佛和其他多尊神佛。此庙始建时是由“七姓八屋”的信众捐资、献工、献地、献山林而建造的。七姓指钟姓、郑姓、马姓、李姓、张姓、曹姓、廖姓；八屋是指昭信、唐屋、括头、下陂、瑶下、礤背、马坑、族坑。后来打狗坑王姓、龙归礤陈姓、凹背钟姓、东留李姓亦有捐资，他们一年一次恭迎定光佛前往念经建醮。

2004年，田心寺将善男信女所捐献的3万多元善款在寺庙左侧新建了一座天后宫，供奉妈祖和吉祥菩萨。天后宫建筑面积125平方米，庙门处有联文：“天彰圣德风平浪静，上招母仪物阜民康”，横批：“泽被苍生”。庙宇正厅供奉着妈祖神像，神像两侧对联是：“巍峨圣德万古流芳昭世界，显赫神权千秋垂泽福人间。”

天后宫天上圣母（妈祖）签28张。每年农历三月廿三日妈祖诞辰纪念日及田心寺醮会日（农历四月廿日、五月初一日、十月初八日、十一月十五日），在庙中念经诵佛，届时八方信众会前来上香拜神求签。是日，信众众多热闹非凡。

昭信田心寺天后宫

昭信田心寺天后宫妈祖像

天后宫里存有妈祖联对五十五副（另抄录刊出）。2007 年，田心寺（包括天后宫）成立管理委员会，天后宫同田心寺一起管理。

话说湘店天后宫

◎梁玉清

湘店镇位于福建省武平县最北端的山间盆地，俗称武平的“北大门”，是武平、长汀、上杭三县的接合部，东与长汀县羊牯乡、上杭县官庄乡交界；西南部与本县桃溪镇小澜村、大禾镇毗邻；北与长汀县红山乡、濯田镇接壤。距县城 60 公里，省道 205 线从这里穿过，交通比较便利。

湘店天后宫

湘店妈祖文化的传承与邻县乡村大致相同，都是以天后宫为主要供奉妈祖之地。但也有把妈祖供奉于桥屋之中或高山寺庙的，如湘店镇湘洋村的大溪桥屋桥、云华山寺庙等。

在湘店镇各村大都建有天后宫，据统计，不少于十座。建筑年代各不相同，庙宇情况也各不相同，有因年久经多次修缮的，有因倒塌而在原址新建的，也有新选址修建的，但建筑风格却大体相似。这些天后宫有一个共同点，那就是都建在村头水口处，庙内供奉的尊神都有妈祖。

湘店人习惯于称妈祖为“妈祖娭太”。每年农历三月二十三日是妈祖诞辰日，农历九月初九是妈祖升天日，各方信众都会备办供品，到就近的天后宫祭祀妈祖，进香叩拜，以祈风调雨顺、平安吉祥。为了保佑小孩健康成长，湘店人常到妈祖娭太面前取名，如“妈金”“妈金妹”“妈长”“妈金生”等，名字中都带有一个“妈”字。人们一听便知是在妈祖那里“契”的名字。

湘店的天后宫中较为古老的有大洋泉天后宫、尧山天后宫等，近十几年重修或新建的有店下大化天后宫、湘湖天后宫、七里王屋天后宫等。这里主要说说大洋泉天后宫、尧山天后宫、店下大化天后宫。

大洋泉天后宫

大洋泉天后宫，地处湘洋村下月形下水口边，依山傍水，古木护佑，两溪相拥，环境清幽。

此天后宫建于清道光年间，飞檐翘角，砖瓦盖顶，占地约200平方米，建筑面积近100平方米，内供妈祖神像。大洋泉信众每天轮流进香点灯，所以天后宫中日日香烟缭绕，灯烛不熄。每逢农历初一、十五和节庆日，邻近村庄的信众都会来此朝拜妈祖，许愿祈福，热闹非凡。

20世纪50年代，乡亲们投工投劳，将妈祖庙重修一新。

近几年，为更好地打造美丽乡村，保护非物质文化遗产，信众们自筹资金，对天后宫再次进行修缮，并在庙宇左侧新建了一座寺庙，与将军文化公园连成一体，成为人们朝拜祈福，观光休闲的好去处。

大洋泉天后宫妈祖像

尧山天后宫

尧山，也称“尧里”，村委所在地俗称“牛皮坪”。因此，尧山天后宫也叫“尧里天后宫”“牛皮坪天后宫”。但因天后宫坐落于尧山村水口边一座叫猪仔山的半山坡上，更多人习惯叫“猪仔山天后宫”。

此天后宫建筑面积不大，至多12平方米，至于为何会建在这个陡峭的半山腰？确有一段传说。

先来说说“猪仔山”的得名。相传，尧村水口边的这座山，以前竹木葱郁，梯田层层。当时，为保护村中环境，村里禁止养猪，当地村民就把猪赶到这山间田边放养。猪食田边野草，奔跑于山间，长得又快又肥。起初，村民只在这里放养了几只公猪和母猪，隔几日会上山查看。一天，村民到山上查看，发现少了一只母猪。四处寻找后，发现母猪在山石岩下，正在下崽，便高兴地一路小跑回家，边跑边喊：“猪仔生了，猪仔生了。”后来，人们就给此山取名叫“猪仔山”。

尧山天后宫

猪仔山上有一座庙宇，名叫兴隆山寺，始建于清朝中叶。庙里供奉轩辕黄帝、观音菩萨、定光古佛以及二十四诸天、地藏王菩萨等神佛。前来膜拜的人络绎不绝，香火特别旺盛。

再来讲为何会在山腰建妈祖庙的传说。相传，在去兴隆山寺的路上有一处石壁，行人过往非常困难。为方便行路有梁氏村民多次在石壁下的溪中砌起石坎，但砌了好几次都被大水冲垮，即使请来最好的石匠也砌不好。于是，人们就到兴隆山寺问佛祖，佛祖托梦给村中的一个老者说，让大家去找妈祖。这可难倒了村民，直到几个老者好不容易爬到半壁之中发现一方空地时，才豁然开朗，在这山腰空地上建了这座天后宫，供奉妈祖菩萨。天后宫建成后，香火很旺。

新春正月，四方信众都到这里祈求妈祖保佑。庙中备有签书一本和筶子一副，人们到这里求签或问筶。

猪仔山山清水秀，古树参天，怪石嶙峋，建于陡峭山崖的天后宫更显神秘。此天后宫与兴隆山寺前后呼应，到兴隆山寺朝拜的人们，常先到天后宫叩拜妈祖。

大化天后宫

2011年，大化村信众集资兴建了大化天后宫。大化天后宫坐落于大化村水口处、自武平至长汀205线公路旁。据村里老人说，此处原先有一座石拱桥，后来，下雷雨时桥不远处的一棵大松树被劈倒，堵住了河道，大水冲毁了拱桥。拱桥虽然已不在了，但至今人们都把这地方叫作拱桥迳，后来在此兴建了天后宫。

大化天后宫

大化天后宫占地300多平方米，建筑面积约200平方米。砖木结构，琉璃瓦顶，四面翘角，屋顶正中装饰双龙。黄色墙体，与屋顶的琉璃瓦相呼应。大门两边有联："天时地利人和事事旺盛，妃德政通年丰岁岁平安"，横楣上"天后宫"三个金字，熠熠生辉。

天后宫内分为上下厅，右侧建有厨房膳厅，院中种有两棵翠绿的铁树。上厅正中供奉妈祖，妈祖两边分立护卫神像。左侧偏房还安奉着定光古佛等各路菩萨。

大化天后宫处在三县交界之地，不但邻村信众会前来朝拜，长汀县的美西、上杭县的洋牯等处的信众，甚至不少路经长汀、上杭的游客也会前来朝拜。若适逢农历正月初九、农历四月十九日、农历十月二十四、二十五日大化打醮，更是人来人往，香火不断。

大化天后宫不仅是人们的拜佛之地、休闲之处，也是过往行人纳凉、避雨、休息的好地方。

湘湖天后宫

湘湖天后宫，位于湘湖村大地岗水口处。

七里王屋天后宫

七里王屋天后宫，位于七里王屋伯公墩水口处。2019 年由七里王屋村信众集资在原址重建。原天后宫修建年代不详，据村里老人说，至少有 200 多年的历史。下图为七里王屋天后宫内外景。

武平大禾天后宫

◎邓一笑

大禾村的庙宇共有三座，其中一座建在墟市上，称作天后宫，大概建于清乾隆以后。天后宫旧址在今武平大禾镇旧医院处，20 世纪 50 年代修建医院时被拆除。据老人们说，当时天后宫的建筑面积大概 200 平方米，以天后宫为中心，前有“三官堂”，后有“安禅堂”，连成一片，又称“庙下堂”。整个“庙下堂”比现在大禾医院的范围要大得多。民国时期曾在这里设立国民党大禾乡公所。

天后宫供奉天上圣母，每逢妈祖诞生日、升天日，信众们会去天后宫上香、祈祷。天上圣母左右两侧分别是千里眼和顺风耳。庙里有一口大铜钟，直径约 80 厘米，高度约有 1.5 米。20 世纪 60 年代，铜钟被移至大禾公社楼上。此钟声音洪亮，敲响时，与大禾村相邻的大沛、大磜、湘村、龙坑、山头等村都能听到。

天后宫前的三官堂中供奉三官大帝，即天官、地官、水官，天官大帝为尧、地官大帝为舜、水官大帝为禹。

天后宫后的安禅堂中供奉十八罗汉、二十四天诸仙。

大禾天后宫未被拆除时，一年四季善男信女络绎不绝，香火旺盛。但这些已成为大禾村人老人记忆中的故事，有些年轻后辈甚至都没有听说过。

武平湘村天后宫

◎邓一笑

大禾镇湘村天后宫建于明朝末年，现已有几百年历史，据说清嘉庆与道光年间曾修缮过。

湘村天后宫坐落在村中丘背岗，面朝溪流，建筑巍峨雄伟。初建时为砖木结构、瓦屋面，庙宇正厅供奉天上圣母妈祖（村民称作“妈祖娭太”）神像，左右两边有两尊小菩萨，人们说是金童玉女。正厅两边有两间小厅，右边为厨房，在打醮或祭祀时用于备办伙食。正厅中还有一块牌子，上书妈祖来历与建庙缘起。正厅左侧为宿舍。妈祖庙左边是文武庙和三官堂，分别供奉文昌帝君、关圣帝君、三官大帝。

民国时妈祖庙是全村的文化活动中心，不但学校设在这里，而且每年的定光古佛醮、公王醮的醮坛以及念皇经、放焰口也设在妈祖庙。

湘村天后宫在每年农历三月廿三日妈祖诞辰日，会请和尚、道士前来念经、祈福。每年农历正月二十二日、农历十一月十五日，均进行设坛建醮。每年逢春节、村中喜事、村民出行，人们都会去天后宫敬香、摆果物，祈求平安。

湘村天后宫建庙时间长，在1966年倒塌，后被拆除。2002年春，信众集资在原址重建天后宫。新庙建成后，在正厅供奉妈祖像，两旁有其他菩萨尊神。正厅约80平方米，整个庙宇占地约200平方米，建筑面积约160平方米，庙内可左右来往通行。天后宫一般建在村头水口处，但湘村天后宫却建在村中央，这可能是因为古代时人们都集中在上村居住，现在天后宫的位置正是古时候村子的水口。现在人口变多了，村庄扩展出下村，所以现在看来，天后宫的位置是占了村子的正中。

湘村天后宫在2002年重建后，每天有人值守。晨昏上香、上茶、点灯、鸣炮，也接待来进香的客人。

尧禄村妈祖庙

◎陈荣盛

走进尧禄村水口，就可看到北边观音岩下有一座妈祖庙，这是 2018 年新建的。该庙坐西北朝东南，后屏是从大岭垴绵延至东岗村礤工里的山脉，覆盖着苍木翠林。

尧禄村妈祖庙

原来的妈祖庙始建于清朝，是尧禄村民到武东太平山妈祖庙分香而来。尧禄村及周边的善男信女经常在此庙祈福还愿。

2017 年武平县委县政府打造梁野山“五朵金花”，尧禄村发生了巨大变化，沥青路铺设到了村部。由于改建道路，原来的妈祖庙被拆迁。2018 年在距旧址不远的地方建起了一座崭新的妈祖庙。新庙宇于 2018 年冬建成，占地 1000 平方米左右，建筑面积约 200 平方米。正殿分为一间大厅和左右两个小间：厅堂供奉妈祖女神位，供敬香拜神等活动用；两个小房间供和尚、道士、文艺队人员使用。庙中还建有餐厅和厨房。庙宇周边进行绿化，一切生活设施齐全。

庙宇原来由热心人士管理，现在主要由 9 人组成的管理小组管理。逢农历每月初一、十五，信众都会自带香烛、鞭炮来此祭拜。每年农历正月二十日为祈福的日子，腊月二十日为还福的日子。农历三月二十三日为妈祖太太生日。农历九月二十三日为醮会的日子，信众人户会做粄杀鸡，到庙里敬香祈福，庙中也会请乐队吹奏，有时还会燃放鞭炮来庆祝。

东留镇桂坑桂林山的妈祖天后宫

◎周文根

闽赣边界的桂坑村，历史悠久，人杰地灵，桂金河穿村而过，蜿蜒西去，汇入赣江。特殊的地理位置，给闽赣粤人民提供了货物交易的便利，受惠群众达几万人，久而久之形成桂坑墟。加上这里山多林茂，山货众多，渐渐有广东潮汕地区的海产品、食盐，江西的大米和日常生活必需品等，也在此囤放、转运、交易，桂金河便成了闽赣两地的主要水上运输线。明朝时，这里已是十分繁华的商贸区。桂坑墟至筠（金）门岭墟水路大约20多公里，河道弯曲，水深浪急，行船、放排稍不留神，便会撞礁翻船。货毁，排散，人亡的事故时有发生，即使艄公、放排师傅采用多种防范措施，事故还是经常发生。后来，人们从湄洲妈祖祖庙分香到本村庵背坞（桂林山）建庙祭祀朝拜，以保佑艄公、放排师傅和百姓平安，保佑桂坑村风调雨顺、五谷丰登。

从此，在开船或放排前三天，艄公、放排师傅都会备好“三牲”（桂坑村的“三牲”指的是猪肉、豆腐和鱼），买好香、烛、纸、喜炮等，带上好酒，到庵背坞天后宫妈祖神像前上香祭拜，祈祷平安。特别是每年农历三月二十三日妈祖诞辰日和农历九月初九妈祖升天日，闽赣粤的妈祖信众从四面八方纷纷赶赴桂坑庵背坞天后宫朝拜，十分隆重，热闹非凡。有时还会从上杭或会昌请来戏班和木偶戏班演出助兴。

20 世纪 60 年代，桂坑庵背坞妈祖庙被毁。改革开放后，桂坑村及周边的妈祖信众在理事长带领下，在桂林山庵背坞妈祖庙遗址旁整理出一处地基，为藤椅形，面朝村子，后山绿竹苍翠，云雾缭绕，泉水长流，风景似画。新宫庙占地面积达五亩（大约 3000 多平方米）。通过精心设计，建成大小建筑十几座：有天后宫、观音庙、菩萨庙、钟楼、放生池、戏台、老年活动室、休息间、厨房、餐厅、停车场等，将桂林山天后宫打造成了闽赣边界有名的庙宇和旅游胜地。

东留镇乡村天后宫

◎周文根

武平县西的背寨村，在不到10平方公里区域中有九条小溪南北交叉着流入背寨桂金河，河水缓缓向西流去，汇入赣江。其中有条南坑溪，这条溪长大约6公里，南坑尾是溪的源头。这里山多林茂，自古以来，生活在此坑的人们，就是利用这条溪水把一根根杉木放到桂金河，再扎排运往江西门岭以为生计。

众所周知，上山砍树，下河放排，常会遇到意想不到的事故，甚至可能会丢掉性命。靠砍树放排为生的乡民自然每日提心吊胆，后来桂林山天后宫兴建一周年大典时，邻近各乡、村群众都闻讯而来，背寨村的乡民也来此祈求护佑。

南坑尾的天后宫，是由朱老汉提议修建的，得到全坑信众的大力支持，有钱的出钱，无钱的出力，很快在朱家湾佛灵山的山腰中建起一座坐东南朝西北，上、下厅结构的天后宫，并专门从赣州请来一位雕刻师雕刻出一尊栩栩如生的妈祖神像，供奉在上厅香台上受人祭拜。开光那天，附近的善男信女纷纷前来上香许愿，祈求全家平安。

相传佛灵山天后宫最早建于明末天启年间（1622），占地百多平方米，建筑面积60平方米左右，上下厅，无天井，曾修缮多次。1979年重修改建，扩大面积至 80 多平方米，上下厅中间有天井，增建念经房、膳厅等。定每年农历三月二十三日为妈祖祭拜节，农历九月初九妈祖升天日也有祭拜活动，每年春秋开展两次隆重的庆典活动。

封侯村妈祖庙

◎周文根

山不在高，有仙则灵。在白云山山脚，有个封侯村，此村山多地广，苍松翠竹，香樟挺拔，田园阡陌纵横，古代时还有九厅十八井的宏伟建筑。

古代时大阳河每逢春季，雨量过多，便会山洪暴发，河水就像脱缰的野马，气势汹涌，冲塌水坝，冲毁水圳，冲走庄稼，冲坏田地。有些年连涨几次大水，乡亲们苦不堪言。

传说，有一个德高望重的叔公考察周边村寨后，对大伙说：“桂坑墟和苏湖村都建了天后宫，妈祖娘娘十分神灵，能逢凶化吉，消灾避难，保护众生平安。我看咱们在寨子下那块凸起的山坡上也建一座天后宫，供上妈祖神像，一定能保佑咱村人们平安”。大伙儿听后，都十分赞同，说干就干，有钱的出钱，无钱的出力，献物献策，很快在寨子下建起一座坐东北朝西南，占地面积 100 多平方米的天后宫。这便是传说中封侯村妈祖庙的来历。如今，妈祖庙大殿上仍旧供奉着慈眉善目的妈祖神像，每年会隆重举行春、秋二祭。

闽西天后宫的建筑风格①

◎张开龙

庙宇修建位置

闽西妈祖庙（有的称天后宫、圣母宫、普济寺、显灵宫、水口宫等）的选址，一般来说靠江河、溪边，大多选在面对江河或背靠山地、丘陵等地势高爽的地方，以依山面河，“枕山、环水、面屏”为上。庙宇大多坐北朝南，也有坐南朝北的。

一般修建流程大概为：选吉日、打地基、下基石、上梁架、合脊、封顶盖瓦、竣工。闽西妈祖庙结构精致，工艺精湛，具有浑厚的气势、严谨的技巧，体现了闽西悠久的历史文化积淀。完整的木架系统、组合配置形式、装饰色彩与丰富的风格样式，使闽西妈祖庙显示出独特的艺术特点。

闽西妈祖庙主要分布在沿江各村庄、河口、渡口；高山上也有妈祖庙，但大多在江河边，部分建在城镇乡村人口密集的地方。有些妈祖庙原来是建在渡口码头的，随着城镇化的发展，人口不断增多，原先的渡口码头现今已是村子中心，有的甚至已成为城镇，妈祖庙的位置，也因为城镇发展

① 张开龙主编：《闽西妈祖文化》，九州出版社，2012。

而发生了变化。

上杭回龙普济寺（天后宫），建在汀江河边，庙前面对浩浩汀江，是典型的背靠大山、面向江河的地形。有石阶三层，每层二十三个，寓意妈祖生日三月二十三日，气势恢宏。还有汀州天后宫，也是面向汀江，背靠卧龙山，是典型的妈祖庙选址类型。

闽西妈祖庙大小有别，形制也不同，有的有山门，并有额匾、楹联，如永定西陂天后宫；有的还有钟楼鼓楼，如汀州天后宫。

庙内建筑

无论是古时候修建的妈祖庙还是近年来重建的妈祖庙，依照的都是闽西客家建筑传统，较完整地保留了闽西古代建筑的特点。

闽西妈祖庙，一般由大殿、前殿、后殿、偏殿、侧室、天井、回廊、拜亭、钟鼓楼、庙埕（广场）、金台（金炉）、戏台等部分组成。大型妈祖庙建有山门，或称牌坊。天井一般在中间，两侧建有通廊，通廊一般都有门，称龙门和虎门。

大殿中间都设有神龛奉祀主神妈祖，有的神龛有壁画，有的神龛精雕细琢。神龛极具崇敬庄严的气氛，也是上香瞻仰的中心位置。神龛上方挂着“天上圣母”的匾，两侧还有楹联。殿内雕梁画栋，装饰精美华丽，尤其是油漆彩画安金，十分有特色。

木结构

妈祖庙的建筑梁架，一般为抬梁式木结构、叠斗式架。对于庙宇来说，木制承重结构最为重要。抬梁式木构架的特点是以蜀柱抬梁、梁头承托檩、柱间设穿枋，也有的采用插梁式构架，这是介于抬梁式与穿斗式构架之间的一种混合构架。插梁式构架兼有抬梁式与穿斗式的特点，它主要以承重传递应力。

座梁式构架，广泛应用于闽西妈祖庙中。梁架包括柱、通梁、寿梁、瓜筒、束仔、灯梁、吊筒、托木等。斗拱，是中国古代建筑上特有的构件，用于柱顶、额枋和屋檐或构架间。斗是斗形木垫块，拱是弓形短木。拱架在斗上，向外挑出，拱端之上再安斗，这样逐层纵横交错叠加，形成上大下小的托架。闽西妈祖庙用的斗，有方斗、圆斗、八角斗、海棠斗、梅花斗、莲斗、柱头斗、瓜头斗等；拱有关刀拱、丁头拱、葫芦拱、蟠龙(虎)拱等。

藻井也属木构件，一般在屋顶上，呈伞盖形，装饰华丽，雕工精细。永定高陂西陂天后宫、抚市社前天后宫、长汀汀州天后宫、连城莒溪壁洲天后宫等庙宇都有藻井。

闽西妈祖庙中有木雕，是以雕、刻、磨等工艺制作的物品，所用的木料种类繁多，其中以檀香木最为珍贵。在物件上雕刻花草人物图像，客家人称为“画眉”。

油漆彩绘是闽西妈祖庙建筑的重要特色。

安金，是将金箔贴在上过胶漆的木质构架表面。

妈祖庙的木构件上，雕饰花纹的重要醒目部位，如瓜筒下的“狮座”，一般会安金。安金时，根据贴金部位的花纹，将金箔贴上。金箔含金量高，色泽经久不褪，适用于外檐装饰，十分光亮。

殿内布置

闽西天后宫的大殿，一般设神龛，供奉妈祖神像。神龛大都是木质，雕刻精致。香火旺盛的妈祖庙，殿内往往供奉多尊妈祖神像，其新旧、大小不一，主神像称“镇殿妈”，其余称为“二妈”“三妈”等。如新罗区雁石镇厦中显圣宫有六尊妈祖神像，连城县东门天后宫有两尊妈祖神像。神像都是建庙时雕刻的，长汀县汀州天后宫奉祀在神龛里的，是清雍正年间潮州民间艺人所雕，已有270多年的历史。

闽西妈祖神像有硬身与软身之分，硬身指木雕的、泥塑的、石雕的、瓷雕的、铜铸的。软身为用樟木、檀香木分别雕成各个部分而后组装，四肢关节可以转动，方便为神像更新衣服及抬神出游。妈祖像的肤色有肉色、金色、黑色等。神像为黑色有三种原因：一是年深日久香烟熏染；二是新雕的故意染黑；三是用黑沉香木雕的。

闽西妈祖庙所供奉的妈祖神像，脸部圣洁秀美，慈祥亲切，庄严肃穆，双眼有神，头戴凤冠，身着天后服饰，手执玉圭，脚踏凤履，一派王者风范。妈祖在闽西民众心中是一位保护神，她一生没结婚，染病而殁。在传说里，妈祖是一个年轻女子，是一位救苦救难、仁厚贤淑的善良女神，是渔民们出海的保护神。她身披象征着吉祥的红衣，在茫茫的大海上空巡行，哪里有海难，她便赶去营救落难者，给人们带来安全、好运、吉祥。她身上，汇聚的是人间大爱——慈祥、亲切、无私、行善、利人、救苦、救难，她将爱给予人，从不索取，是海上的保护神，是中国古代海洋文化的象征。在闽西山区，她又成为保护民众吉祥安康、生活幸福的水神、万能神，受到闽西人民的崇拜，形成了独具特色的闽西妈祖文化，繁茂于中华民族文化之林，代代传承，延续至今。

妈祖庙殿内除神龛奉祀妈祖像为主神外，还在两侧奉祀妈祖属神——红脸千里眼和青脸顺风耳两神将，千里眼在右边，顺风耳在左边。他们是妈祖的得力“助手”。相传，有一年默娘（妈祖俗名）路遇一位啼哭少女，她正被用轿抬去给两个作恶多端的妖怪作祭品，默娘勇敢地代替那位少女坐进轿中。二妖见默娘容貌姣好，欣喜若狂。默娘不慌不忙，请二妖道出名字来。长着一双大眼的妖怪说：“我是大名鼎鼎的千里眼。”长着驴一般长耳朵的妖怪说：“我是天下闻名的顺风耳。”默娘义正词严地劝它们弃恶从善。二妖哪里肯听，竟要非礼默娘。默娘略施法术，一块几千斤重的大石头自天而降，带着一股旋风盘旋于二妖头上，吓得二妖魂不附体，赶紧跪地求饶，发誓甘愿改邪归正，重新做人。默娘收他俩为徒，一同替天行道。据说，顺风耳能耳闻千里外的风吹，千里眼可目见千里外的草动，对妈祖解救危难助益不小。

庙中的千里眼和顺风耳均塑得十分健壮魁梧，浑身肌肉突出，青筋暴起，双目圆睁，龇牙咧嘴，面目狰狞。千里眼右手抬起作远眺状，顺风耳作听远处声音状。这种造型加上他们身上飘逸的衣带，使人联想到力士形象。妈祖神像表现的女性端庄与千里眼、顺风耳神像表现的男性粗犷，在同一座庙宇中形成了强烈的对比，愈加突出了妈祖仁厚慈祥的性格特征，同时也绝妙地体现了“以柔克刚”文化的精髓。神像雕工精细，造型均衡，线条流畅，皆出艺匠之手，令人叹服。闽西妈祖庙大多都有奉祀千里眼和顺风耳二神像。

有的妈祖庙还奉祀其他神像，如观音菩萨、玄天上帝、关帝、土地公、定光古佛、伏虎大师、护法爷、注生娘娘、注寿娘娘、王母娘娘等。

大型的妈祖庙，殿内神龛前都会摆一张长方形巨桌——神案桌，桌上放有香炉、烛台、签诗筒、花瓶、果盘等。案桌前摆有一四方桌，一般为红色，用于摆放各种祭品。

妈祖庙大殿右边插着“肃静”“廻避”木牌。庙内还安放妈祖神轿、凉伞、龙旗、彩旗、铜锣等，以供妈祖巡游时用。有的妈祖庙，殿上还挂有钟和鼓，大型天后宫，如长汀汀州天后宫建有钟楼和鼓楼。

有的信众会赠送妈祖庙过厅彩，即横彩，那是精工刺绣的工艺品。殿内有各种古今匾额和对联，反映本庙的文化内涵，歌颂妈祖的圣德，叙述庙宇的历史渊源。

闽西妈祖庙内都摆设着琳琅满目的器物或工艺品，如长汀汀州天后宫大殿神案桌上摆有许多茶杯，是各家各户早晚奉祀敬拜妈祖所用，殿内还有灯盏，专供信众们点灯敬拜；上杭县太拔乡张芬口天后宫现存一尊明万历年间的石香炉，为闽西龙岩市妈祖庙中历史较悠久的器物。其他如神案桌、烛台、签筒、诗签等寻常物件，更是多数妈祖庙都有。

传说故事

海的女神

——冰心心目中的妈祖[1]

◎朱合浦

我国著名文学家冰心先生是福建人，她对妈祖有过这样一段描述：

民国时期，海军中福建人居多，每次我随父亲到军舰上访友时，军舰上的水兵，往往把我带到他们的房舱里去参拜妈祖。在妈祖的牌位小桌上，都摆着许多供品。还有酒瓶酒盅。他们说：妈祖可灵着呢！在海上遇到大风大浪时，连厨舱里的杯盘都倒翻了，只有妈祖供桌的酒杯，却安然不动。我问父亲是不是这样？父亲笑说，他没有到水兵舱里去证实过，酒杯不动，也许是因为它们太小的缘故。总而言之，我很为我们中国有一位“海的女神”而且她还是福建人而感到自豪！[2]

冰心先生说出所有福建人的心里话。不过，尽管妈祖文化从发轫到流传全世界已经一千多年，尽管现今全世界信仰妈祖的人数以亿计，但其起源

---

① 本篇文章系朱合浦先生《海的女神》文章的下半部分，篇名为编者所加。

② 冰心：《〈华夏诸神〉读后》，载《冰心全集》第八卷，海峡文艺出版社，1994。

却非常简单：宋代一个行善事的民间女子——林默娘。

妈祖的故乡在莆田，在宋代就已形成了几个天然良港，如平海港、秀屿港、枫亭港，附近居民除了下海捕鱼，就是航海做生意。这些在海上讨生活的人，对海是又爱又怕，希望大海更温顺，希望海上遇难能得到及时救助！

传说，妈祖 12 岁时得到一位名叫玄通的道士的度化，获得高超的法力，能够预测吉凶。于是，妈祖就以此来帮助乡亲。有时她为人们驱邪治病，有时她为人们扶济化解，而最最难得的是，她在海上救难。有一年，因为海上救难，妈祖把生命献给大海，她也在大海中得到永生！

文献资料载有一则传说，妈祖升天后，湄洲民众就搭了一个小庙奉祀妈祖。当时有一个叫三宝的商人驾着一艘满载货物的商船，准备从湄洲出海开往外国。可是，起航时船碇却起不上来，三宝十分惊异，于是询问湄洲民众当地有什么神灵可以求助。人们告诉他这里的妈祖庙最灵验，若前往祈求，必获庇佑。于是他便到庙里祷祝立愿，不一会儿碇就上来了。三宝扬帆出海，不久又安全返航，发了大财。回来后，他特地到湄洲妈祖庙谢神还愿，还捐金就地扩建妈祖庙宇。

这是最早的一则关于妈祖的传说。是的，妈祖信仰的传播与福建航海者及商人的活动有着密不可分的关系。

宋代时，福建的海运得到发展壮大，被人们誉为“海上丝绸之路起点站”的泉州有刺桐港，是中外商船的停泊地。这里的船工、商人早早就开始信仰妈祖，并影响了地方官，而官员的参与祭拜，又促进了妈祖文化的传播。

除了莆田和泉州外，宋代时海洋文明发展的另一标志是移民——东迁台湾。这一时期，福建造船发达，有航海经验，又有了海上保护神妈祖，于是零零星星开始有人驾船东渡台湾。起初，有的人也许只是去做生意，也有的是举家去台避难，后来渐渐形成一种移民现象。福建移民在尚属蛮荒之地的台湾辛劳开垦，聚族而居，繁衍生息，与当地居民和睦共处，并传播农耕技术和文化，至今台湾仍以闽南语为主。从宋代开始，一批又一批福建人迁往台湾，几乎所有的人渡海时都怀揣妈祖神像、心愿妈祖庇佑。现今，台湾是妈祖庙最多最集中的地区，台湾民众将初时乘帆船带过来、以后立庙奉祀的妈祖神像称为“开台妈”“开基妈”，足见在人们心中妈祖对台湾的开发有多大的影响！

妈祖信仰是福建海洋文明在中外交通史上浓墨重彩的一笔。从宋代到清代的几百年间，朝廷都将对琉球的册封视作与附属国和平相处的手段，尤其是明清两代，持续不断地对琉球王国进行册封，时间长、次数多。而福建作为与琉球交往的唯一口岸，发挥了重要作用。册封所需的船只称为“册封舟”，简称“封舟”，明代的“封舟”全是福建造的船——“福船”。明政府规定：“封舟”上必须安放妈祖神像，开洋前正副使必须先到出发港口的天妃宫祭拜；封舟到达目的地，正副使必须恭奉船内的妈祖神龛上岸，安放于当地的天妃宫，借以朝夕膜拜。

妈祖文化的传播是从湄洲逐渐扩展至全中国乃至全世界的。如果就此绘一张路线图，湄洲自然是起点，妈祖文化以湄洲为中心向四面八方辐射，凡沿江沿河地区民众都敬仰妈祖，就连远在西北边陲的贵州镇远也有妈祖庙。妈祖文化还随中国使者、海员和华侨传播到世界各国。

妈祖传说精选八则①

妈祖传说是妈祖信俗的有机组成部分，是妈祖信仰传播的重要文化载体，集中体现妈祖立德、行善、大爱的精神。妈祖传说从宋代就开始流传，史籍方志、朝廷文书、文人笔记都有记载。到了明代，又出现专辑，如《天妃娘妈传》《天妃显圣录》等。传至清代，文人记载种类和方式更加丰富，不仅有《敕封天后志》等专辑，还有各种挂图、壁画、碑刻，有的妈祖传说甚至录于典籍、族谱、庙记、文集之中。

神话传说是对现实的折射，神话传说中的人物，大多是某个时代某个地区的传奇人物或英雄人物，经过人们的想象和艺术加工，成为人们心目中具有超越人间力量的存在。妈祖从出生到去世，有着许多生动神奇的传说，多散见于宋以来的历代朝廷文书、史籍、方志和文人笔记中，比较零碎、简略。直至明万历三十年(1602)，南州散人吴还初编、忠正堂熊龙刊行的《天妃娘妈传》问世，才开始有了妈祖传说的专辑。其后又有明末佚名编纂的《天妃显圣录》书稿，于清康熙二十年(1682)编辑出版。

妈祖传说流传较广的当推林清标的《敕封天后志》。这一书是在《天妃显圣录》基础上增删编纂而成，该书录有天后神蹼图说四十九种，每个故

① 选自：明万历三十年（1602）吴还初编《天妃娘妈传》、明末佚名编《天妃显圣录》、清林清标的《敕封天后志》等书。

事都配有绘图。故事题材涉及各个方面，其中妈祖庇护历代文武官员出行公干的居多。此后各地妈祖宫庙编绘圣迹图，蔚然成风，或绘于妈祖庙墙壁，或绘于绢纸装裱成轴张挂于殿中，供人观赏膜拜。

其绘画的形式多种多样，风格各异，内容则常以《敕封天后志》所辑录的传说为蓝本。与文人编辑的妈祖故事相比，广泛流传在福建沿海地区的妈祖民间传说，情节更加曲折，形象更为生动，内容也更加丰富多彩。它们既富有浓郁的乡土气息，又反映了各阶层信仰妈祖的不同心态，是妈祖神话传说中的精华。

焚祖屋导航番船

北宋年间，这一天晴空万里，一艘大食国商船要启航回国。默娘知道这是风暴前的平静，即前往相劝，番邦船员大笑：“海平如镜，为何不能启航？”她再三劝阻：“今夜必起风暴，此时启航将有生命之危。”番邦船员不信，仍下令开船。是夜子时三刻，果然风起，恶浪滔天，狂妄的番邦船员已全然不辨方向，危在旦夕！默娘急将红灯挂于屋顶，并点燃用柴薪做的火把，为番船导航。可是风雨交加，这一豆大的火光，无济于事。为了搭救番邦船队数十条人命，她不顾姐妹的劝阻，毅然点燃自己的祖屋，番人看见冲天大火，急忙调转船头向火光方向驶去，终于回到湄洲岛。番人感激不尽，要为默娘重造祖屋，但她婉拒不受，大食国商人千恩万谢，重新启航。

发异光圣墩建庙

莆田宁海有一大土墩，宋元祐丙寅年，墩上常于夜间发光，乡人不知其故。有个渔夫疑为异宝，走去一看，发现是水上漂的一根枯木在发光，就把它扛回家中。但是，次日枯木却自己跑回原处。渔夫再次扛回家中，次日枯木又再自回原处。当天晚上，墩旁所有的人都同发一梦，梦见妈祖告诉他们："我是湄洲神女，枯槎是我所凭附，宜在墩上为我盖庙，我会为你们赐福。"众乡亲父老感到奇异，向制翰李公报告，李公说："此神所栖了，我听说湄洲有神姑事迹已久，今灵光昭昭，必为我乡一方之福，神灵之庇，就在这里了。"遂发动乡村群众，募捐集资，兴建庙宇，号"圣墩庙"。

降龙王水族谢恩

东海历来水怪众多，时常兴风作浪，破船沉舟，过往渔民商旅，深受其害。默娘自16岁起就经常飞巡于海上，游弋于礁屿之间，降妖伏魔，靖清海域。一日，她巡行海上，命驻舟中流，只见四海龙王率领水族骈集，毕恭毕敬，向默娘请罪问安。她对四海龙王说："罪责可免，但以后要庇护渔商百姓，不得兴风作浪。"四海龙王率水族齐齐谢恩，然后退去。至今每年天后诞辰，犹见水族集结，渔民见之不敢下网捕捞。

祭上苍旱情骤解

默娘21岁那年，莆田地区大旱，河流干涸，田地龟裂，连饮水也有困难，农民困苦万分。当时的默娘，已是无人不晓的能呼风唤雨的神女，全县父老都说，非神女不能解此灾害。莆田县令无计可施，为解全县旱灾，决定求救于默娘。他冒着烈火骄阳，赶数十里路，穿洋过海到湄洲岛，诚恳谦恭地登门请默娘为全县百姓祈雨。默娘欣然应允，设坛祈雨，告诉县令壬子日申时将普降喜雨。可到了壬子日未时，却依然晴空万里，烈日如火。大家都捏着一把汗，然申时一到，突然雷声隆隆，电光闪闪。紧接着，暴雨如倾，旱情骤解，万民欢呼。

济粮荒米船同至

宋理宗宝祐元年（1253），兴化、泉州地区大旱，农田颗粒无收，米价腾贵。百姓饥困难支，成群结队到妈祖庙里祈祷。妈祖于夜里向乡人托梦：“不要忧虑了，米船即将到来。”而在另一边，广州的米商正在装米下船，准备运往浙江、上海。妈祖托梦广州商人：“兴泉饥荒，速速前去，可获倍利。”广州众多商人都同发一个梦，故一齐发运米船前往兴泉。由于大家一窝蜂运粮同至兴泉，米价不贵反平。米商略有微言，说妈祖不灵，但转念想到这是为了解救二郡饥荒，当是功德！百姓既解饥荒，无不感激妈祖再生之德，纷纷焚香拜谢。天子闻之，诏封“灵惠助顺嘉应英烈协正妃”。

麾天将尽灭周贼

宋宁宗嘉定改元戊辰年（1205），时值久旱，农作不收，地赤民困。草寇周六四作乱犯境，啸聚山林，四出劫掠，扰乱州郡，庐舍寥落，百姓苦不堪言。人们纷纷到妈祖庙祈祷，妈祖托梦指示：“六四恶贯满盈，为釜中游鱼，当即歼之”。四天之后，周寇入境，喊声动地，鸡飞犬跑，百姓逃匿。空中忽现枪剑旗帜之形，贼寇惊恐不已，争相逃命。官军乘势穷追猛打，终于擒获周寇，余凶尽俘，合境平安。官军奏闻皇上：妈祖率领天将神助歼敌。皇上敕旨加封“灵惠助顺显卫英烈妃”。

唤妈祖粮军逃劫

明朝至顺元年，朝廷的漕运粮船上又发生了一件妈祖护航脱险的故事。那年春天，漕运官船满载粮食，放洋出海。刚出海时，一路自是春光荡漾，水碧天晴，顺风扬帆。粮官凭栏酣酒，何等畅快！可天气说变就变，突然阴风怒号，浊浪排空，刚才春风得意，如今却生死未卜，战栗哀号。船上官兵狂呼："妈祖救我！"其声震天。哀求之际，忽现祥云瑞霭，只见空中朱衣拥盖，灯光熠熠，继而风平浪息，粮船复趋妥稳，众官兵无不朝天而谢！后奏闻朝廷，皇帝下旨，赐额"灵慈"。

烧三恶庙廊神火

宋理宗开庆元年（1259），海贼陈长五兄弟三人，作恶多端，杀人放火、奸淫掳掠于兴化、泉州及漳州三郡，官兵无可奈何，百姓苦不堪言。八月，贼众三舟在湄洲岛登陆入庙，祈祷于妈祖神像前而不应，故怒而解衣裸体，卧于庙前栏下。妈祖放神火烧之，三贼惧惊，退遁舟中。第二天早晨，三只贼船全部出港。忽而天日晦暝，风雨骤至，雷声大作，海浪滔天。等到雨歇天晴，海贼三舟已被吹至沙滩之上，搁浅不动。官兵击之，追至福清，悉数捕获。郡守徐公上疏妈祖神助之功勋，并奏请朝廷，皇上封诰"灵惠显济嘉应善庆妃"！

海神妈祖的神话

传说妈祖是我国西南沿海救苦救难的第一女海神。她是宋代都巡检史林愿的小女儿，名叫林默。林默自幼好道，后来传说又得到观世菩萨的度化，就成为了“海上女神”，庇佑出海航行的人们，又因为其巨大功德，被人们尊为“天妃”。

故事还得从头说起。话说在宋代，福建湄洲有一户世代从事海上商贸的林家。这年，林家的老爷去世，从此出海的任务落在儿子林愿的身上，但是林愿第一次出海就极为不顺。原来，在这里做生意没有官府的保护是寸步难行的。林愿这才弄懂他父亲在世时非得捐个巡检史的真正原因。林愿也学他父亲的样儿，花了很大一笔钱捐了一个方便经商的巡检史。林愿由一介布衣摇身变成了官老爷，林家在海上的生意很快就红火起来。

后来，林愿娶妻，林夫人没几年就为林家生下了四个儿子，但是不知什么原因，这四个儿子看上去一点都不出众，体格也很羸弱。林愿怕将来自家香火不旺，就陪着妻子到普陀山去还愿，请求观世音菩萨再赐一子。

观世音菩萨早就知道林家好道乐施，为官清廉，慈悲为怀，并且不远千里来普陀山还愿。随即就对身边的徒儿龙女说：“龙儿，后日你就投胎到林家，以了结这个缘分，你去了之后，到时也可收服海上妖魔，替天行道！”

龙女听了，极为不解地问道：“可是师傅，林家求的是儿子呀！”

“这是天意，你不要再问，快些下凡去吧！”观世音菩萨不紧不慢地说。

龙女知道不便再问，就投胎到林家去了。

再说林愿夫妇，从普陀山还愿回来，林夫人很快就有了身孕。到来年的三月二十三日，午时，青天白日，一声巨响。只见林家前后，红光闪闪，林府周围清香扑鼻。林家产下了一千金。虽然生的是个女孩，但林家上下都十分欢喜。也因为这位千金一生下来就很少出声，总是默默然的样子，所以家里就给她取名为“林默”。

林默稍大的时候，经常到海边去看大海，为出海经商的父亲祈求平安，也为所有出海的老百姓祝祷。而且，她有着一种神奇的能力，就是能够预知海上的风暴，知道哪里会不会发生海难。据说，有一次林愿跟大儿子出海了。妻子天天在家里为这父子两个祈福，这天晚上她又在月下为他们祈祷，忽然听到默儿在睡房里左翻右滚的，就连忙带着丫鬟走到林默的屋子里，只见默儿正在做噩梦。屋子里很暗，还充满着檀香的味道，月光被紧紧关着的窗户挡在外面，只有豆大的灯光在烛台上跳动着，好像快要熄灭的样子。林默睡在床上，翻来滚去，一会儿抓着床沿，一会儿拽紧纱帐。林夫人非常担心女儿，赶忙将女儿叫醒。

默儿梦中醒来，吃惊地对林夫人说:“娘，不好了，大哥掉到海里去了！”母亲听后吓了一跳。林默从床上坐了起来，埋怨母亲道:“娘，父亲他们在海上遇到了很强大的风暴，很多船都快翻了。刚才我双手各拉着一条船，左手拉着哥哥的，右手拉着父亲的那只。我正想把他们的船拉近一点，可是你把我叫醒了，匆忙之中，我松掉了左手，大哥的船就翻了。”

林夫人目瞪口呆，不知所措。林愿从海上回来时，果然未见大儿子。这件事传出去之后，人们都觉得林默很不平常，说她是天上的仙人下凡。

北宋宣和年间，给事中路允迪出使高丽，在归来的途中突遇风暴，由于得到妈祖的保佑，最终逃过了风暴，安全返回了大宋。回来之后，路允迪到宋徽宗那里，请旨下诏，求皇上加封海神妈祖。宋徽宗对妈祖林默的传说早有所闻，听到这件事后，特敕封林默为“湄洲神女”，并题庙额“顺济”，就是救人苦难的意思。朝廷还派人在湄洲修了妈祖庙。

明成祖朱棣还下令在湄洲、长乐、太仓、南京等地建了天妃妈祖的庙宇，并亲自写了《南京弘仁普济天妃宫碑》碑文，盛赞天妃妈祖的功德。

“妈祖”在葡萄牙文里写作MACAU，英文写作MACAO，广州话的音译就是“妈祖”。澳门别名就是“妈祖”，这是葡萄牙人对澳门的最早称谓。这名称的来源，是因为妈祖作为海上女神，已经传遍了世界各地。葡萄牙人初到澳门时，是在“阿妈港”登陆。阿妈就是保佑航海者的女神妈祖，妈阁庙就是专门供奉这个女神的。所以，葡萄牙人到了澳门之后，就把这个地方称为“妈祖”，也是对海神妈祖的祝福。现在，澳门有一年一度的“妈祖文化节”倍受航海人的关注。

千年妈祖，受世人世代崇拜，不仅是中国的，也是世界的。

（摘自：中国历史故事网）

象洞天后宫的趣闻轶事

◎曹　棣

如果不是有这么一次机会让我写一篇有关象洞镇妈祖庙的文章，还真的不知道，全县唯象洞镇没有妈祖庙（或曰天后宫）。相比象洞，全县各乡镇妈祖庙（天后宫）有的多达十多座，少的也有两三座。很多村落都建有妈祖庙，有明清时期修建的，有近几十年修建的，也有改建、扩建的，唯独象洞没有一座真正的妈祖庙。

其实象洞以前有过天后宫（妈祖庙），只是在民国时期已改作他用，原先供奉的天后娘娘移至象洞河东寨村的“三官堂庵”。据几位80多岁的老人回忆，天后宫曾先后改作小学堂、农业初级中学和锯板厂。象洞天后宫建于何时已无人知晓，庙址介于庵前坝（今象洞墟）和赖坊的中间地段，与联坊司前村隔河（所谓的河实为小溪）相望，象洞河就在天后宫边上静静地流过。据说象洞河以前水量很大，靠近天后宫这一段水深如潭。

天后宫占地近十亩，坐南朝北，南边正殿供奉天后娘娘，正殿后有花园，正殿两边廊庑连着北楼，北楼的青石板大门上方有匾额，上书“天后宫”三个大字。门前有两尊石狮，再往前四五米处是池塘，塘里种有荷花，改成学堂后池塘中还建有木桥和凉亭。1957年天后宫改为农业初级中学，天后宫前加建了坐北朝南7字形两层砖木结构的教学楼，西面和南面用围墙围住。后来，天后宫逐渐被毁，此后没有再建。1968 年建“五七”中学，又在教学楼的西面建了一层五六间带走廊的教室，我 1970 年就是在这里上的初中。那时，天后宫已改建成了学校的厨房，池塘也已填平，只后花园依然风景秀美，几棵大柞树枝叶茂盛，遮天蔽日。依稀记得大树底下的石桌石凳，石桌便是用天后宫的门牌做的，这里是寄宿生们唯一可以玩耍的地方。

1968 年，庙宇寺庵被毁损，菩萨神像被焚烧。

三官庙一般供奉的是天官、地官和水官。但象洞东寨的三官堂供奉的却不是“三官”，而是三位夫人的神像，据当地人说，过去的菩萨像被烧了，现在供奉的是陈、林、李三夫人，也都是后来重塑的，后排最高处那尊较大的神像就是妈祖。

妈祖，从一个普通的“里中巫”“通贤灵女”，直至褒封为“天妃”，千百年来留下了无数美好的传说，她所行的善事，受到人们的敬仰，全世界有上万座庙宇供奉着她。

感恩妈祖护佑　海难幸存建庙

——武平城北妈祖庙今昔谈

◎练康豪

明弘治十五年，即1505年，在武邑“八大景”之一的“平桥翠柳”太平桥一侧附近建起了一座规模仅次于崇真观的妈祖庙，古色古香，金碧辉煌，名闻遐迩。

这妈祖庙缘何而建？何人所筑？自然又有一则传说。

话说昔时下坝露冕有位善经商的邱氏，某年他在南洋做生意，一日同行有六条船，满载货物，返回故里。

在海上他们一帆风顺。邱某归心似箭，自不必说。在出发前夕，他虔诚地在妈祖像前祈祷：人船货物顺利从海上返回故里后，定备“三牲”隆重感恩。

天有不测风云，人有旦夕祸福。邱某归程时，海上突然阴云密布，风雨大作，巨浪滔天，危在旦夕。六条船人人惊恐，担心船只翻覆，葬身大海。邱某他不住地念“圣母经”，深信妈祖神威，定能护佑他安全抵家。

风雨无情，海啸肆虐。顷刻，一只只邻船被巨浪吞没，六条船中有五条船沉没了，唯剩下他乘坐的一条船完好无损，且顺利返回下坝露冕。亲友见他有惊无险，人船物安全抵达，家人团聚，纷纷前往慰问庆贺。宴席上他感慨：“这是妈祖娘娘显灵护佑我的结果。吾定当在邑内建一座妈祖庙，代代祭拜妈祖，让娘娘更多护卫众生。”

邱某在邑中城东北方“武平八景”之一的“平桥翠柳”侧建成一座三进二横屋的妈祖庙，规模仅次于城北的崇真观。庙宇大门向着“平桥翠柳”，也向着延绵的河水，寓意是河水经过之处均能得以保佑。

此庙最盛时有专门司职庙务的道士几十人，一时香火鼎盛，远近闻名。

然世事多变。顺治年间，招来兵祸，妈祖庙被焚毁，人们扼腕慨叹！

1999 年，城北热心人士在红东村北山兴建了金山寺。缘于佛道兼容传统，在金山寺右侧恢复修建了原“平桥翠柳”被毁的妈祖庙，20 余平方米的庙里供有妈祖、吉祥子等神仙菩萨，庙宇有专人管理，每日敲晨钟，擂暮鼓，逢妈祖生日（农历三月廿三日）、归仙日（农历九月初九日），备“三牲”隆重祭拜。从此，妈祖信仰得以延续。

远近信众常常三五成群到妈祖庙中焚香点烛，祭拜求签。茶余饭后，人们常会谈论关于妈祖的传说。

梁启超题台岛天后宫

◎佚　名

妈祖，在风浪的世界中，把天下舟楫者的安危永远系在心间。生时如斯，羽化之后亦如斯。于是一千多年来，妈祖一直被广大的航海者尊称为“护海女神”。

我国沿海各地以及海外华侨聚居的大小埠头，都立庙祀奉妈祖。单就台湾地区而言，祀奉妈祖的庙宇就有3000多座，且大部分庙宇都是直接从“湄洲祖庙”分灵而来。每逢妈祖诞日，台湾各地经常会组团到湄洲岛祖庙朝拜。

妈祖是海峡两岸同胞共同信奉的海神。相传，明熹宗天启四年（1624），旅居日本的海澄人颜思齐等，欲推翻幕府执政者，不料密泄，颜思齐、郑芝龙等28人只得分乘大船逃到台湾的笨港（今新港）一带安营扎寨，后来在笨港西区修建了一座天妃祠。颜思齐等人在笨港修建的妈祖庙被称为“开基妈祖”，经历代扩建，规模蔚为壮观。

清顺治四年（1647），福建移民为加强乡土观念，就在鹿港码头附近建了一座妈祖庙，名曰“鹿仔港天妃庙”。每年妈祖诞辰日，会依大陆之例，举行盛大祭典活动。

郑成功收复台湾后，漳、泉、惠、潮等地民众移民去台湾，把从“湄洲祖庙”请回的神像或香火带在船上，登岸定居后，除扩建“鹿仔港天妃庙”外，又在居留地另建庙宇，祀奉妈祖。因祀湄洲妈祖神像，故袭祖庙之名，称曰“天后宫”。

清康熙三十三年（1694），有人从湄洲祖庙朝天阁奉神像渡海至云林北港，当地漳、泉移民立即集资兴建妈祖庙。后扩建为“北港朝天宫”。现在成为台湾地区香火最盛的一座妈祖庙。

清光绪二十一年（1895），中日甲午战争，清军战败，台湾同胞在日本侵略者压迫之下，仍不忘对妈祖的信仰祭拜，借以寄托思亲怀祖之情。这一时期，台湾的妈祖庙不但没有减少反而有所增加。

清光绪二十六年（1900），孙中山在台湾策划“惠州起义”，与梁启超相遇，二人同拜天后宫。此时，这两位广东老乡，一个为“国民革命”而奔走，一个为“戊戌变法”而逋逃，立场不同，处境亦不同，但爱国爱乡之心则一。异地相逢，倍感亲切。梁氏欣然挥毫，为大慈大悲、救苦救难的“护海之神”——妈祖，题一联云：“向四海显神通，千秋不朽；历数朝受封典，万古流芳”。写得恰到好处，不歌而歌，为妈祖信仰在台湾传播的史迹又添一佳话。

海峡两岸同胞对妈祖的信奉从未中断，近年来，台湾各妈祖庙为着寻根探本，纷纷组织进香团到“湄洲祖庙”去谒祖朝圣，每年来湄洲岛的台胞香客多达十万余人次。

（摘自网络）

通林寺圣母妈祖济困扶穷的神话故事

◎周文根

东留镇新联村有个龙头岗，此岗呈勾刀形，丁子穴与高畲天子地龙脉相连。这里有座建造历史悠久，雄伟壮观的通林寺，灰墙红瓦，十分气派。本寺坐东北朝西南，由上下厅、天井和左右厢房构成，寺院占地200多平方米。上厅供奉观音等众菩萨，天井右厢房供奉着慈眉善目的妈祖神像。

据老辈人说，明末清初（约1628年），从桂坑庵背天后宫分灵到通林寺。相传，有一年，新联村遇上罕见的旱灾，河流干涸，田地龟裂。邻近几村都无水喝，大家饥渴难耐，天天向妈祖祈祷救旱。于是，妈祖庙天井有一股清泉从井中冒出，水满井沿，饮水问题骤解。

还有一则妈祖娘娘的传说更加有趣。清朝乾隆年间，新联村雷氏家族有位后生唤启明。从小父母双亡，全靠自己上山砍柴卖钱换米维持生计。他日子虽然过得清苦，但一直坚持给村里的孤寡老人免费送柴。妈祖听说后便想变成一位老婆婆来试探雷启明的诚心。某日早上见启明吃过早饭，手拿柴刀，背上扁担与柴落（装柴的用具）哼着山歌走来，妈祖便化作老妪假装摔倒。启明一见老人跌倒在地，忙丢掉砍柴的用具，快步跑到老人身边，轻轻把她扶起并关心地问：“婆婆，有没有摔痛，你家在哪里？我背你回去”。“好后生！婆婆谢谢你。我家就在岭下那幢看得见瓦的地方。你现在背我，我如今双手都痛得发抖，怎能抓牢你的双肩，搞不好再摔一跤，非要了我这条老命不可，我看背着走靠不住。”“那依你看怎样才能把你送回家呢?”“办法倒是有一个，就是不知后生你愿不愿做，别人看见后会笑话你，说不定你一辈子都抬不起头。”“婆婆，你别担心这么多，反正我是个砍柴的，抬不抬头没啥关系。你老有啥好主意快告诉我，只要能尽快送你老回家就行。”“好！我坐在你肩膀上比较安全。”雷启明二话不说，便低头要将老婆婆放在肩膀，只听老婆婆又说：“慢！”惊得启明抬头问：“婆婆，又怎么了？这主意是你老自己说的，难道还有啥地方不妥吗?”“好后生，婆婆没感到哪里不妥，你愿载我回去，我感谢还来不及呢。只因今天我出门时，儿媳在坪上晒了两笪谷子，唤我看住一群母鸡小鸡，怕把谷子扒到地上。现请你帮我先去看看，如果母鸡小鸡在谷上捣乱，你赶紧把它们赶走，若是跑到啥地方躲起来了，你挖地三尺也要把它抓到。”启明听后，飞也似的来到老婆婆家，谷子上面果真有一群母鸡小鸡把谷扒了一地。启明忙从屋角拿起一把扫帚赶，母鸡“咯咯咯”地带着鸡仔惊慌逃窜，最后跑到坪沿的一蓬草丛中躲了起来。启明伸手正想把它们抓住关起来，可草丛中竟没有鸡的踪影。启明感觉奇怪，刚才婆婆说的“挖地三尺也要把它抓到”又在脑中浮现。他忙到屋里找来一把山锄，对着母鸡钻进的那蓬杂草使劲地挖。挖着挖着，竟挖出一缸白花花的银子，启明万分吃惊，决定把这个好消息告诉老婆婆。可是跑到老婆婆坐的土坎上时，哪里还有她的身影。这时，耳边好像有阵风呼呼地朝着山下的通林寺吹去。启明心想：“难道是寺里的哪尊菩萨神明看我可怜来佑我富贵，让我有钱更好照顾大家?要是这样，我必须立刻到寺里求个明白，才好照办。”于是，启明急冲冲赶往寺庙。到寺里向方丈一打听，方丈也莫名其妙，众多的菩萨神灵解不了这个谜。方丈跌筶认神，终于得知是妈祖娘娘的恩赐。启明立即许愿：“往后寺里的修缮等花费都由我承担。”

从此，雷启明娶妻生子，他在发迹的地方“九鸡宝地”建了座规模宏大，雕梁画栋，十分气派的厅厦，教子养孙，供奉妈祖娘娘。

缘结妈祖　恩泽村民

◎赖永元

妈祖，在我们这里的寺庙里称为“天上圣母”，民间则称为“妈祖太太”。早在乐畲村民定居乐畲之时，乐畲村各姓氏的祖先就把“妈祖太太”的文化从不同的地方带到此地，然后不断融合，逐渐成为乐畲村共同的宗教信仰。

武平县十方镇乐畲村地处武平县东南方向，与武东镇毗邻，勤劳、善良、淳朴的乐畲村民历来都有信仰天上圣母（妈祖太太）和定光古佛的传统，在乐畲村口就有定光古佛的庙宇。有关定光古佛的传说不多，但妈祖太太的故事在村里流传得却很普遍，历史也更悠久。

每年大年初一，凌晨的“开门”仪式中，人们祈求神灵保佑时必定要提到天上圣母。村民出门打工、孩子们离家上学，家中长辈一定会在亲人出门前，在家中摆起香案、焚起檀香，祈求天上圣母保佑亲人平安、健康。有些村民甚至在亲人生病时也要祈求天上圣母保佑病人早日恢复健康。记得小时候，父母等长辈在教育小孩时，也常把“天上圣母”（妈祖太太）挂在嘴边。比如，小孩爬树，被长辈看见了，长辈就会说：“等下摔下来，叫妈祖太太都来不及！”但本村没有妈祖庙，朝拜妈祖太太要到邻镇的太平山，所以，村民们早就有在村里建造妈祖太太庙的想法。

乐畲村崇福庵寺

有关妈祖太太的传说还有很多更神奇的故事。相传村口（水口）原来是非常恐怖的地方，那里古树林立，树枝遮天蔽日，只有一条黑沉沉的羊肠小道通往高梧。常有村口发生怪事的传说。过去的土匪们也利用人们对村口的恐惧，经常在此地出没。人们经过此路，一定要三五成群，趁日中阳光明媚时，匆匆而过，断不敢独自在夜间经过此地。于是，村民们便想着要在村口建一座妈祖庙，但因当时武东太平山主持不同意天上圣母（即妈祖太太）金身移驾巡查乐畲村，村民们只好在村口建了一座定光古佛庙。此庙经清末民国的战乱，已被摧毁。新中国成立后，政府出资沿着先前的小路开通了公路，直通高梧镇和十方镇。路宽敞了、亮堂了、匪患绝迹了。

2000 年，乐畲村定光古佛庙同时供奉天上圣母和定光古佛。

崇福庵寺妈祖像

如今，村民们在天上圣母生日和春节等重大朝拜活动时才会去武东太平山朝拜，平日农历每月的初一、十五、十九等朝拜日，就在本村的庙里举行，这给村民们节省了许多时间、带来了许多方便。

闽西妈祖庙主祀从祀诸神

◎张开龙

闽西各妈祖庙正殿主祀妈祖天后，妈祖神像前的两侧从祀千里眼、顺风耳两神将。从正殿至前殿或侧室，从祀的诸神较多，有玄天上帝、北斗星君、注生娘娘、注寿娘娘、观音菩萨、土地公、八仙、关帝、五谷帝、定光古佛、伏虎大师等。而永定西陂天后宫是七层塔式建筑，一层正殿供奉妈祖，二层供奉土地公，三层供奉关帝，四层供奉文昌公，五层供奉五谷帝，六层供奉玄天上帝。

妈祖天后

据《敕封天后志》《湄洲志略》等书记载，天后俗称“妈祖”“天上圣母”，生前姓林名默，又称默娘。北宋清源郡（后改为泉州）莆田县湄洲屿人，生于建隆元年（960）三月二十三日，母亲陈氏曾梦见南海观音送给她一束优昙花，吞下去就怀孕了，14 个月后才诞生，诞生之日异香闻于数里之外，过了十多天才散。

相传，默娘幼时十分聪颖，不到周岁时，在襁褓中见到各种神像，就叉手作揖，5 岁能诵观音经。8 岁时读私塾，先生讲授的文章，她很快能领会，

10岁开始，默娘信佛诵经，悟性极高，能悉解《金刚经》。13岁，有位道号玄通的老道士来其家，授予道典秘法，默娘依法修持两年后，尽得要领。传说默娘15岁时，与群女闲游，照妆于井中，忽见神人捧铜符一双，拥井而上，诸女骇奔，默娘受之不疑。因此，符咒径可辟邪，法力日见玄通，常在空中，神游方外，谈吉凶祸福，靡不奇中，甚至能“乘席渡海”“翻飞水上”，时常扶困济危，救人于水厄海难。

默娘生前，专门做善事，善于驾船泅水，勇气毅力超人，在惊涛骇浪中救急扶危，拯救过很多渔船和渔民。

到了出嫁的年龄，她却坚决不嫁人，父母也没办法。

宋太宗雍熙四年（987）九月初八，传说默娘预先告知亲友，明辰乃重阳日，适有登高之愿，预告别期。翌日(九月初九)，焚香诵经，径直登上湄洲屿最高峰，驾云升天。死后，人们常看见她像西王母一样，坐着车，侍女随侍，四处周游。默娘生前即被人呼为“神女”“龙女”，卒后，里人立庙祀奉。

相传，宋代给事中路允迪、李富有一日跟着宦官出使高丽，经湄洲海岸时，忽刮起狂风，船将沉没之时，忽见一女子登船，然后非常熟练地驾着船走出风穴，逃过危难。宦官问众人：“来者是谁？”允迪说：“这是天妃的神灵保佑。”遂于宋徽宗宣和五年（1123）因给事中路允迪之奏请，钦赐“顺齐”庙额，封为“专司海岳”之神。宋高宗绍兴二十五年（1155）至宋孝宗淳熙十一年（1184），累封至“灵惠昭应崇福善利夫人”，光宗绍熙元年（1190）进封“灵惠妃”。宋代对妈祖有14次褒封,其中10次封为“妃”，是当时褒封最多的一位民间神祇。

元世祖至元十八年（1281），封她为“护国明著天妃”，元代先后五次褒封赐号，由宋代的“夫人”“妃”，发展为“天妃”，妈祖成为统管海域的神祇。

明代对妈祖的记载比宋元两朝多，主要是宣示妈祖神功的显赫。御祭

14次，但褒封只有两次，一次是明太祖洪武五年（1372），封“昭孝纯正孚济感应圣妃”；一次是明成祖永乐七年（1409），封“护国庇民妙灵昭应弘仁普济天妃”，主要颂扬妈祖保护航海的功绩。

清代褒封妈祖次数最多，达15次。清康熙十九年（1680）封“护国庇民妙灵昭应弘仁普济天上圣母”。清康熙二十三年（1684）施琅奏请妈祖“助战”有功，康熙帝敕封为“护国庇民妙灵昭应仁慈天后”，即从“天妃”升为“天后”。这次妈祖从“天妃”升“天后”，发生在漳州地区东山岛上，这两次嘉封对于妈祖信仰的传播具有重要影响，因为它把妈祖的神格提高到了极限，此后300年来，“天上圣母”“天后”就成了妈祖的尊称。各地妈祖庙也大多使用“天后宫”“朝天宫”“圣母庙”等名称。

妈祖的香火不断，不仅沿海各地，连江河的码头、城镇、山区都有妈祖庙奉祀妈祖，仅闽西就有360多座供奉妈祖的庙宇。

千里眼、顺风耳

据《敕封天后志》《湄洲屿志略》等书记载的传说，千里眼、顺风耳原为湄洲西北方两怪，常出没作祟，村民苦之，求妈祖将其降伏。妈祖于是施法，二怪惧而皈依，遂为妈祖麾下。千里眼善视，顺风耳善听，为妈祖耳目。或说二怪一姓金，一姓银。清同治八年（1869）敕封其为将军，为闽西妈祖庙必祀之神。二神像高大魁梧，彩衣飘带，袒胸露足，威武而不狞恶。千里眼绿面绿身，右手高举眉际，作远眺状；顺风耳则赤脸红身，以左手食指指着耳朵，作凝神听察状，均塑工精巧，有的高达一米。

玄天上帝

玄天上帝又称“真武大帝”，俗称“上帝公”。道教有四方之神，东曰青龙，西曰白虎，南曰朱雀，北曰玄武。玄天上帝即为北方之神。相传，神木为净乐国王子，后入武当山修道，经42年功成，白日飞升。玉帝封其为玄武大帝，斩妖伏魔，威震北方。宋真宗大中祥符中(1008—1016)，尊其为“镇天真武灵应佑圣帝君”。明成祖自称真武转世，对其特别尊崇。因五行之说北方属水，玄天上帝便成为消除水患、镇风灭火之保护神。天后宫中主“镇北司”，为天后宫仙品较高的神祇。其神像身披金甲玄袍，左食指向上，右手执剑，面容温雅静肃，五绺长须飘拂，左足踩龟，右脚踏蛇，侍者手执黑旗。其诞辰为农历三月初三。闽西妈祖庙普遍配祀玄天上帝神像。

北斗星君

北斗，在北天排列成斗(或杓)的七星，分别是天枢、天璇、天玑、天权、玉衡、开阳、瑶光。道家称“天罡”。道教信仰“南斗注生，北斗注死”，奉为本命真君。北斗七星还被当作指示方向的重要标志。天后宫中北斗星君主“顺济司”，也是仙品较高的神祇，司航海方向，并具有“消灾解厄、保命延生”之职能。其诞辰为农历八月初三。

注生娘娘

注生娘娘就是临水夫人，或称“顺天圣母”“慈济夫人”“顺懿夫人”，因她在临水除去白蛇精，故称“临水夫人”。俗姓陈，名靖姑。《搜神记》载：“闽古田县有陈氏靖姑者，生而颖异，能事先言辄验，有道术，乡人以水旱祸福叩之无不应，遂立庙祀之。”另一说靖姑为福州罗源下渡人，是二品大夫唐昌之女，生于唐大历二年（767），卒于贞元七年（791）。靖姑生前难产而死，死后为神，愿万世为产妇求子。相传曾于古田临水乡斩白蛇，乡人建“临水宫”祀之，其诞辰为农历正月十五日、三月二十日。在天后宫主“送子司”，是专掌生男生女的神明。司婴儿哺育，救妇人难产，催生助产，保产妇安康。注生娘娘神像清瘦秀丽，有的怀抱婴儿，有的手牵幼童，均流露慈母之爱。

观音菩萨

观音菩萨即观世音菩萨，唐代避唐太宗李世民讳减去世字，故称观音。观世音菩萨能三十三化身救十二种大难，遇难众生只要念诵她的名号，菩萨都能观其声音，不分贫贱贤愚，前往拯救解脱。观世音是人们普遍崇拜的佛，尊号是“大慈大悲救苦救难观世音菩萨”。相传，观音得道那天是农历六月十九日，手持甘露护佑天下百姓。观世音两边有抱着花瓶的童子与手拿杨柳枝的童女，他们就是金童、玉女，同是吉祥的象征。

土地公

土地公又称社神，乃古人所信奉的管理本地区的社神。相传，土地神乃共工氏之子句龙，能够平水土，故百姓祀之为社神，即土地神，也称土地爷，也因此土地神的形象几乎全是身穿长袍、须发皆白、老态龙钟的老人。这是位温厚慈祥的神，称“福德正神”，土地公生日是在农历二月初二。土地公神像的形象为：头戴平顶圆帽，身材矮短肥胖，坐姿，面庞圆而丰满，双眼微眯，耳朵大而长，白须下垂，一副慈祥温和的老者风范。

定光古佛

定光佛，俗姓郑，名自严，泉州府同安人。相传，他从小聪慧，11 岁出家，早年得道，在闽西武平修道场。他乐于帮助民众修水利、除妖魔、驯服豺狼虎豹，深得民心，因此定光古佛成为客家人主要崇拜与信仰的神明。

在闽西各县(市、区)的妈祖庙内，大多都有供奉定光古佛。这是客家人多神崇拜的现象。

定光古佛的信众，以古汀州八县的客家人为主。在渡海去台湾的移民过程中，他们利用同乡和地缘关系，建立寺庙会馆，作为汀州籍移民去台的暂住和联系之地，定光佛庙也随之修建，定光佛的信仰也随之传到台湾。在这里，定光古佛仍然扮演着守护神的角色。台湾至今仍有两座规模较大的供奉定光佛的寺庙，即彰化定光佛庙、淡水鄞山寺。彰化定光佛庙创于清乾隆二十六年（1761），初名定光庵，又称汀州会馆，经嘉庆、道光、咸丰年间多次修缮，庙宇壮丽，建筑风格是两进两廊左右厢房格局，庙名为“定光佛佛庙”。淡水鄞山寺兴建于清道光三年（1823），原本是会馆，正殿供奉定光古佛。鄞山寺是清代中期时台湾寺庙的典型代表，也是传统客家古建筑最完美的代表作，目前仍保持170多年前的原貌。

（摘自：张开龙主编《闽西妈祖文化》）

信俗评论

武平妈祖历史文化古今谈

◎林善珂

妈祖，是中国东南沿海以及东南亚等地区的人们信仰的海神，是历代船工、海员、旅客、商人和广大渔民共同信奉的神祇。相传，妈祖的俗名叫林默，又称默娘。于宋建隆元年（960）农历三月二十三日，出生于福建莆田县湄洲屿（今莆田市秀屿区）一个林姓仕宦之家。林默娘救世济人，泽被一方。沿海人民尊其为海神，立庙祭祀。妈祖信仰从产生至今，历经1000多年，由民间信仰发展为朝廷祭祀的对象（宋、元、明、清四朝皇帝共敕封36次）。2009年10月，妈祖信仰入选联合国教科文组织人类非物质文化遗产名录。

妈祖信仰，经过千百年的传播，随着信众走向全国走向世界，发展成跨国的国际性民间信仰，对中国东南沿海和东南亚地区文化也产生了重大的影响。

大爱慈悲的海神妈祖，后来又被许多信众奉为水上保护女神，泽被江河湖泊。凡江河湖泊甚至小河小渠的水旱灾害及人畜安全，都祈求她的庇护。再后来，信众们甚至在山上择址建立妈祖庙，水上女神又晋升为山神，如武平县香火最盛的太平山妈祖庙等。明朝时期，妈祖信仰传入武平。据民间族志记载，最早从莆田携香火至武平的，是今武东镇袁田村人林奇卿。

他明末清初在莆田经商，铺子里供有妈祖像，生意做得风生水起。后来他专门去湄洲岛妈祖祖庙包取香灰带回武平，将妈祖信仰引进回故乡。在袁田村祷祝后（民间传说，请女神择址建庙时，建庙地点由所烧纸钱的纸灰飘向何处来决定），择定了袁田与袁畲两村交界处，在名曰“飞天凤形”的地方建庙。此庙成为武平县最有影响的妈祖庙。

本县最早见于县志记载的妈祖庙，是溪东妈祖庙。明朝徐甫宰修的《武平县志》(残本)，记载(《附录·仙释条》)：县溪东乡有妈祖庙。据考溪东妈祖庙系建于明清时期的丰顺平里①，在县城南十里处，大约相当于今城厢镇下东村一带。据民国版《武平县志》卷十八《祠祀志》载：“天妃庙，‘赵志’（清代赵良生修的志）载在溪东乡，后改在武庙对面②。民国十六年(1927)，国民政府废除淫祀，准改林孝女祠。各乡建置，所在多有，不具载，惟太平山香火最盛”。据此，则民国版《武平县志》把天后宫、天妃庙列入“古迹志”，而把溪东天妃庙单例（因其古老），又把太平山妈祖庙列入“祠祀志”，盖因民国十六年（1927）国民政府令之故。见于县志记载的较早的妈祖庙，还有今武东镇六甲村大坑里村的妈祖庙。据民国版《武平县志》卷二十《古迹志》载：“妈祖庙，在大坑村口。”查大坑村，俗名大坑里村，距老六甲圩场约一公里，此庙被当地人当作地名，曰妈祖庙埂上。遗址在六甲溪溪西村的水潭旁，此水潭系六甲溪流经溪西村村口时，石壁小瀑布急流冲刷而成。古代凡山洪暴发，皆有人畜殁于此潭（有些是自上游冲入此潭）。因此周边群众动议建了此庙，意在由水神妈祖护佑百姓云云。

据民国版《武平县志》卷二十《古迹志》记载，本县较早建立的妈祖庙中称天后庙的有：中堡的梧地、罗助水口、王字崇水口（疑即互助村水口）、十方凌云岩、鲜水乡、张畲村水口；称天后宫的有：武所太平乡（宫后有大樟树）、万安乡的凤尾岭、山岭水口、山峰下莲湖、池家里水口、陈坑水

① 时行政区划：基层设里图乡，丰顺平里，大约相当于今城厢、中山镇一带。

② 武庙在“县前直街旧南门城上”。

口、象洞水口（今设高等小学）、下坝墟等，共记载了 14 处。因 20 世纪 30 年代编修的《武平县志》，对于此类记载完全依靠采访册，主编丘复又是上杭人，对武平县情不是十分了解，因此被遗漏的必然很多。从今天统计的武平全县仍存有百余座妈祖庙来看，当时的统计是很不到位的。

当然，因为大多数庙宇建于江河湖泊边沿，因此“大水冲了龙王庙”的事时有发生，上述妈祖庙也是几经损毁，但屡毁屡建，至今仍保存有百余座庙宇，可见老百姓对妈祖信仰之虔诚。诚然，武平县专祀妈祖的庙宇并没有这么多，有相当一部分庙宇是兼祀。因为客家人宗教信仰的多神性及兼容性，很多主祀佛、道、巫的寺庙，也安放了妈祖神像。如岩前均庆寺，整顿之前，主祀定光古佛，定光古佛右前方供妈祖神像，而佛龛前，则供着专司生育的巫神——吉祥子，形成了诸神融合又各司其职共享香火的局面。

因为妈祖女神信仰的普遍性，衍生了武平县内相当数量的庙会、醮会以妈祖为主祀神。不明底细的，只将醮会分为吃荤的醮会（主祀道教巫教神）和吃斋的醮会（主祀定光古佛及其他佛家神）。

漫谈太平山妈祖信俗的特点①

◎谢重光

武平县武东乡太平山的天后宫，坐落在袁田村和袁畲村交界的太平山上，属袁田村一侧。传说昔年此处山林失火，村民奋力扑救而不灭，忽见有一位白衣白裙的仙姑，撑着一把雨伞自山上冉冉而下。仙姑过处，大火熄灭，仙姑也随即离去。村民们望着仙姑远去的身影，隐约见其所穿裙子有泥巴和擦破的痕迹；再看她走过的山坡，也留下了衣裳磨地的痕迹。人们这才知道，就是这位仙姑扑灭了火灾。这位仙姑就是妈祖娘娘。为了报答恩德，村民们开始议论建庙，并通过占卜决定将庙址设在袁田村一侧。

上述太平山妈祖庙建庙缘起的传说，反映出太平山妈祖信仰的一个特点，即当地人一开始是把妈祖当作在山林中救火的神灵来崇奉的，这偏离了妈祖海上护航、水中救厄的本来面貌。再从选择庙址的做法看，当地的妈祖信仰一开始就揉进了占卜、堪舆等巫教因素。

此处庙宇的修建和布置也与沿海地区所常见的妈祖庙有别。太平山妈祖庙的规模不大，只是一座两进的平房，屋前有一片不大的石坪，并无飞檐斗拱、雕梁画栋、金碧辉煌的气象，十分朴素简单。庙门上的对联是："发迹莆田瞻兴化，显灵坑茌仰太平"，既追溯了妈祖信仰的渊源，又凸显了妈

---

① 谢重光：《闽西客家地区的妈祖信仰》，《世界宗教研究》1993 年第 3 期。

祖在本地的特殊表现。庙内圆柱上的楹联则是："德参天、保赤不须人祷、人祷如祷、随人祷、应赛高堂；慈于圣、通神能藉地灵、地灵益灵、万古灵、昭稽上世。"表明本庙妈祖具有人祷如祷的万能神性，主要的神通是保赤护婴，且其神通又有求于地灵的配合，即与地方特色相结合。

庙中设三座神座。中间供奉妈祖坐像，其体积在全庙为最大，妈祖坐像前又置一尊小小的观音像；左边神座供奉的是观音立像；右边神座供奉吉祥哥立像，其左侧平置石碑块，上刻"林氏十二世开山施主林奇卿公"字样，碑前设香炉供人上香礼拜。这样的布置突出了妈祖的主神地位，观音、吉祥哥都处在从属地位，只是在庙中陪享香火而已。

观音菩萨在客家又称观音佛祖，本是客家人崇奉的最主要神祇之一。在太平山天后庙中，观音反居于妈祖之下成为庙中陪神，象征着在当地人的信仰体系中，妈祖后来者居上，取代了观音居于人们心中的地位。吉祥哥是客家特有的地方神祇，功能是保佑妇女生育。在一般寺宫里，吉祥哥通常置于观音、弥勒之侧作为陪祀之神。在太平山天后庙里，吉祥哥则成为妈祖的陪神。这也标志着妈祖取代观音、弥勒的地位成为当地客家人奉祀的主神。

地位的更替还意味着神性的变换。随着妈祖成为主神，观音的救苦救难、送子保赤灵应都集中到了妈祖身上。来太平山天后庙朝拜的信众，有相当一部分就是来求子、求生育平安、求婴儿免灾却病健康成长的。求子者先要向妈祖拜祷，然后才向吉祥哥拜祷。如果真的生了儿女，还要再来庙中还愿，献上一幅"新丁告"，一则向妈祖报喜，一则在庙中为孩子命名，求妈祖庇佑孩子长大，称为契名。

契名的意思是在名字之前冠一表示妈祖的字，如在长汀和武平北部，一般冠"马"("妈"讹为"马")字，如"马金""马寿"等，与姓连起来，就成为"刘马金""童马寿"等。武东一带的人称妈祖为"姑婆太""太太菩萨"等，所以契名时在名前冠"太"字，男孩如"太发生""太金生""太德生”等，女孩如“太金玉”等，与姓连在一起，就成为“刘太发生”“林太德生”“饶太金玉”等。信众认为在妈祖神像前契了名孩子就能长命富贵，这显然是从妈祖的保赤功能中引申出来的一种民俗。

在传统的妈祖信仰中，妈祖并无保赤功能。武东太平山妈祖的送子和保赤功能，应是由于民间信仰中各种神祇功能的互相渗透、交叉混淆、移易改动。在这样的过程中，妈祖把原属于观音、临水夫人和其他神祇的功能吸收到了自己身上。当然，神是人造的，神性的移易改动也是人为的。在妈祖身上集中诸多神祇的神性，是客家山民改造妈祖信仰的一个方面。

由于集中了众多神祇的神性。太平山妈祖就显现出无所不通、无所不灵的面貌，可以“人祷如祷随人祷”。太平山天后宫虽然规模不大，香火却极为鼎盛，为全县之冠。方圆几百里的人们，包括江西省的寻乌、会昌，广东省的蕉岭、平远诸县的善男信女都前来进香朝拜。每至新年正月和妈祖诞日，香客更是络绎不绝，把庙宇挤得水泄不通。前来求祷的人们，想求什么就求什么，求什么的都有。庙中备有诗签 28 支，每一签都配有相应的签文，由庙中专人负责解签答疑。诗签的内容反映了香客求祷的种类，也间接体现了妈祖神性的范围。

细细品味这些诗签的内容，感到其涉及面固然很广，几乎是无所不包，但最集中的话题，不外乎国泰民安、功名顺遂、婚姻美满、家庭幸福、五谷丰登、六畜兴旺、知足安分、行仁守义，都紧紧围绕着耕读传家的客家传统，与沿海人民漂洋过海的生活和经商致富的心理有较大不同。如果把太平山天后宫的诗签与莆田、台湾等地一些天后宫的诗签进行比较就会发现，在莆田、台湾妈祖宫、庙中常见的反映江、海航行生活的内容，诸如“风恬浪静可行船”“长江风浪渐渐静”“欲去长江水阔茫，行船把定未遭风”“铁船过海遭水头”之类的词句，[①] 在太平山天后宫诗签中一句也找不到。

① 这些词句分别出自台湾新港奉天宫和莆田湄洲祖庙圣母祠的诗签。见陈国强主编:《妈祖信仰与祖庙》，福建教育出版社，1990，第 105—107 页，第 132—133 页。

存在这样的差别不是偶然的。它说明客家山乡人民善于改造妈祖信仰，他们给妈祖添加了许多神性和功能，但这种改造并不是漫无边际的凭空臆造，而是受到客家山乡的生活环境、生活方式制约的，是按照客家山区人民的生活风貌和现实愿望来重塑妈祖形象，改造妈祖信仰的。其改造过的妈祖形象，不再是传统的作为海神、水神的妈祖，而是作为山乡守护神的妈祖。

作为山乡守护神的妈祖信仰，已经深入到武东及其附近人民的日常生活中。人们在山野中突遇猛兽，或者碰到其他一些突如其来的意外事故，往往会下意识地呼叫："妈祖太太救命！""太太菩萨救命！"人们希望经此一呼，能逢凶化吉，转难为祥。以此而论，妈祖与客家山乡人民的生活，可谓达到了息息相关、水乳交融的程度。

其中，林姓居民与妈祖的关系尤为密切。林氏子孙把妈祖看作是自家的祖姑。在客家话中，祖姑称为"姑婆太"，简称"姑婆"。所以武东一带的林姓居民常称妈祖为"姑婆太""姑婆"，妈祖庙则称为"姑婆庙"。前述林奇卿献地建庙，庙中供奉林奇卿牌位；又传说太平山妈祖神像是林奇卿在莆田经商时迎回来供奉的……这一切无非说明林姓与妈祖有一层特殊的亲缘关系。

这层亲缘关系在当地与妈祖信仰有关的节俗活动中也有强烈表现。例如每逢春节，武东一带会举行酬答妈祖护佑之恩的迎神、赛神活动，届时要将妈祖神像请到神舆里逐村游行，但只有林奇卿的后代才能将神像迎回家，供奉在俗称鸳鸯厅的三栋楼后楼楼厅里。这鸳鸯厅是两间毗连的厅堂，是供奉家族先人、祭祖、停放故去老人灵柩以及子侄结婚拜堂的地方。在家族生活中，它起着敬宗收族、慎终追远、巩固族人团结的作用。新春时林奇卿后人会将妈祖神像迎进此厅，供奉于此，宛如供奉自己的祖先一样，意为妈祖与本族子孙团圆过年，享受天伦之乐。可见在林姓人心中，妈祖信仰也是尊祖敬宗传统的一个组成部分。换句话说，宗法血缘因素也融进了妈祖信仰中，或者说宗法血缘关系也在改造妈祖信仰的过程中发挥了作用。

总的说来，以武平县武东乡太平山天后宫为代表的妈祖信仰，是妈祖信仰传到客家山乡之后，受多种因素影响，被客家山民通过多种途径改造了的一种信仰形态。它与沿海地区常见的、传统的妈祖信仰有着迥然不同的面貌，应视为传统妈祖信仰的变异形态。

古代邑中民间信俗趣谈

◎林善珂

地处闽粤赣边界的武平县，位置偏远，古时候，人们把自己的福祉安危皆系于天地神明，一动一静都求神问佛，以卜体咎。笔者因编辑《山乡的妈祖》一书，对邑中有关的宫庙庵寺和其他儒佛道巫信俗做了一番田野调查，又查阅邑中的地方文献和一些名人论述，发现了几点有趣的古代信俗现象，现罗列于后。

其一，创造新神和改造旧神的传统。

在古代邑中，这种现象十分普遍。一棵大树，一块石头，一座小山，皆可成为人们顶礼膜拜的对象，如各村随处可见伯公树、地段伯公、神坛、仙人脚以及一村一姓或一族的公王、社公、社母。又如湘店乡云霄山寺庙中的马大元帅，一说其生前是大树将军马援，一说其为刘备的五虎上将之一的马超。但遍查邑中儒佛道各教神仙谱系，均未发现有“马大元帅”的名号，因此很可能是当地人创造出来的一位神明。

改造旧神比较典型的例子，是对海神妈祖的改造。妈祖信仰，起源于湄洲岛，妈祖本为海江河湖航行的保护神，其职能是在海江河湖上济流拯溺，安澜护航。但妈祖信俗传入邑中后，人们在山上修建了妈祖庙，海神转化成了山神。又在集市贸易繁华处建立起妈祖庙，妈祖成为聚财之神。又在荫桥上建立妈祖神龛，妈祖成为护桥护路之神。除了上述职能外，妈祖还被赋予了助产、保赤、赐福、祈雨救旱等能力，至此，海神成了“万能之神”。

又如源于本邑梁野山寺的定光古佛信俗，此信俗后来衍生出了五个相貌奇特的化身——大古佛、二古佛、三古佛、四古佛、五古佛。有些寺庙还根据本姓族人需要，别出心裁地冠予更亲切的称号，谓“徐大伯”“郑细哥”“林三爷”“高四子”“连五满”。

类似的情况，还有武北湘湖村后的三将福主公王，此公王原先只有一个，后来衍生出了四个，谓“桥上公王”“黄屋公王”“白竹公王”“寨上公王”。这种按宗族或社区需要将神明衍生多个化身的现象，体现了邑中百姓改造旧神的信俗意识。

其二，“和而不同”的多神信俗。

“和而不同”，起源于先秦孔孟的理念。尽管从古至今人们都在追求国家“大同”，但千百年来，民间仍然奉行的是“和而不同”的理念，这从古代邑中的多神信俗可见一二。古代邑中的寺庙庵观，往往陈列多神神像，儒佛道巫一起上，同处一室分享香火也分享供品。敬神的百姓们也常常荤腥素斋一起上，让神明们各择所需。如本邑较大的佛寺均庆寺，大殿正中神龛供奉着主神定光古佛，右侧供奉着妈祖神像，佛前又供奉着巫神“吉祥哥”（赐子之神）。民间乔迁新居之前有“出煞”仪式，其时道士（或和尚）将呼唤各路仙佛，有“玉皇大帝”“天上圣母”，也有“如来佛祖”“定光古佛”，更有风神雨神、雷公电母等等，各路仙佛齐聚一堂，是为了一个共同的目标——驱除凶神恶煞。

当然，百姓们对各路神明的职司概念是模糊的。他们奉行有用则信，暂时无用也不得罪，他们认为仙佛灵验是相对的，可移动的，说不定哪天就用得着，“多一个朋友多一条路”，那么多一个神明也多一分帮助。他们对经院式的宗教理论有时是漠视的，他们无所谓道教的虚空无为理论，也无所谓佛教的“我心即佛”，这些对于他们来说无疑是空洞的说教。

其三，一切神明皆称“菩萨”。

“菩萨”本为佛教专用名词，是释迦牟尼成佛前的尊称。古代邑中却习惯把一切本土的神祇都称为“菩萨”，甚至后来才传入中国的基督教天主教的神祇如耶稣、如圣母玛利亚一概也称为“菩萨”。由此也产生了“见菩萨就拜”的信俗习惯。这种见庙烧香，见菩萨就拜，不问何方神圣的习俗，代表了古代邑中人宗教信仰的多样性、包容性。

其四，责怪神仙不灵验的现象——亵神性。

对神仙，古代邑中人内心深处是抱着将信将疑态度的，所以在虔诚方面有时就显得不够庄重，甚至常有亵神的举动出现。如天旱求雨，村民在久祷不应的情况下，就会将定光古佛等神像放在炎炎烈日下曝晒，直至下雨为止。反之，则把神像放在暴雨之下，直至天晴为止。

流传在武北湘湖村的一则故事是这样叙述的：进士刘隆年幼时，有一天奉父命往三峰田段去放鸭子，他偷闲嬉戏，就吩咐田头的“伯公神”：“你要帮我看管好鸭子，倘有差错，归罪于你”。言毕便去玩了。傍晚他回到田里拢鸭，点点算算少了一只鸭，便要处罚伯公神。他把作为伯公象征的一块小石碑用绳子捆住，吊挂在伯公树上。当晚，他的父亲梦见伯公神前来恳求说：“我将缢死，快放我下来，你的一只鸭子不是我弄丢的，是它自己掉在大田角头地窖里了无法爬出来，刘大人错怪我了！”次日早晨，刘父前往查看，鸭子果然在地窖里，当即从伯公树上解下小石碑安放原处，并下跪许愿，若他儿子他年有荣达之时，当置庙祀奉！后来刘隆中进士当官后，其父遂履行诺言。该庙至今尚存。

故事虽然近乎荒诞，但这种把神明捆住吊在树上的故事，反映的也是当地人对神明有时会有一种亵渎心理。

其五，神仙崇拜与祖先崇拜的结合。

我们在邑中做田野调查时发现，这里的神明崇拜与祖先崇拜之间有着深层次的互动。如：当地林姓人士称妈祖为姑婆太太（妈祖俗姓林），把她当作家族保护神；林姓人士把定光古佛五个化身之一的“三古佛”（俗称“林三爷”），当作家族保护神诚心诚意祭拜，并敬称为“三叔公”；把神化了的祖先当作地方神来祭拜，礤迳的高仙一郎、孔厦的吴法三叔公、梁山蕉坑里的吴时发、鲁溪的童念二郎、小坪坑的马仙三郎等都是这种情况。

古代邑中人还有抬着祖先绘像或牌位参加打醮等大型活动的。

其六，古代信俗中的娱乐性、调侃性。

在缺少文化娱乐活动的古代邑中，庙会、醮会、各种祈福还愿活动及各种巫祝活动，是当时村民的娱乐盛会。除了祭典时的各种演出如“做大戏”（汉剧演出）、吊傀儡、各种武术表演和民俗表演（如上刀山下火海）、船灯马灯狮灯龙灯等表演外，还有几件值得一表的趣事：

一是邪恶之神华光大帝的祭祀。古时邑中人谓“华光大帝”为“贼头”，因他曾经为掩护弟子偷盗而不惜违反天条，用黑锅遮住天光从而使天亮推迟了一个时辰。古时干着偷盗勾当的人，虽认为这并非大奸大恶，但羞耻之心人皆有之，毕竟还要留一些脸面，光天化日之下还是耻为梁上君子的，所以他们一般在晚上或无人之时才偷偷摸摸地祭拜华光大帝，用的是“小花”（即鸡鸭之类的小动物祭品）。不知何时，邑中赌徒们也攀上了华光大帝做保护神。因赌徒们自以为赌博是赌桌上的脑力劳动者，比偷鸡摸狗的体力劳动者优越，遂不以赌博为耻，竟选好日子在光天化日之下抬着“大花”（即猪羊等大动物祭品）祭拜华光大帝。尤其是赌赢了的赌徒，财大气粗，认为赌局获胜是华光大帝配合的结果。

二是山村的巫祝活动（当地俗称“昏僮”，是一种人神或人鬼互动形式的迷信活动），往往由儿子扮演作古的爷爷的代言男巫，当众责令父亲下跪承认过错。或由妻子扮演代表神祇的巫婆，当众责难丈夫，为父为夫者尴尬至极，又碍于神巫敢怒不敢言，围观者则拍手称快。

其七，认为妈祖女神更关注女性。

因为妈祖女神是女性，女性的特点是慈爱、温柔、庇佑弱者。古代邑中女性以己度神，难免物以类聚人以群分，把妈祖当作自己的保护神，因此女性信者广众。现实里，在妈祖庙朝拜的也以女信众居多，凡遇急事或不顺心时，呼唤妈祖女神的也以女性居多。这与男同胞们因性别而更青睐定光古佛是一样的。

环太平山记

◎钟德彪

我一直向往太平山，想去拜谒山中海神妈祖。

春节期间，终于成行。

高峻的梁野山拖着长长的尾巴，在武平县境内向东边轻轻一甩，奔腾的山脉顿时碎落一地，高低起伏的山峦稳稳地安放在阔大的盆地间。地势平坦，田野广阔，阡陌纵横，炊烟袅袅，一派祥和。

在武东镇袁田村头，但见群山拥翠，古树苍郁。群峰耸峙间，层层梯田连接天际，如层层宝塔，映现在蔚蓝的天空下，格外迷人。深冬时节，田里只留下一株株狰狞的稻茬。

这就是太平山，海拔约六七百米。山重水复，道路弯弯，虽经水泥硬化，但仍险象环生。不时从山上下来的香客，为我们指点："太平山的腰间，那些影影绰绰的白点，就是妈祖庙"。一路艰难跋涉，断断续续的鞭炮声回响在空旷的山谷。爬坡，一个劲儿地爬坡，终于到达一个坪地。再上几级台阶，跨过一座门楼，便是太平山妈祖庙。

翠竹摇曳，松涛簇拥，"深山藏古寺"，一点不假。汩汩清泉从右侧的山坳里泻出，在庵堂前汇成一个半月形的池塘。这座妈祖庙，坐西朝东，通体绛红色，像一道彩虹横卧在青山绿水间，民间称"飞天凤凰形"。悬山顶、琉璃瓦、三进门，屋脊两边各镶嵌一条凌空欲飞的祥龙，令人顿生肃然庄重。大门上方竖一块写有“太平山”字样的铜质鎏金牌匾，在阳光下熠熠闪光。大门两侧有楹联，上写“发迹莆田瞻兴化，显灵坑茬仰太平”。迈进大门，只见阳光从天井直射进来，把整个庵堂分隔成上、下厅，六根漆红的硕大柱子支撑水泥屋面。天井摆放一尊香炉，烛光焰焰，香烟缭绕。香客们挨挨挤挤，手持香火向妈祖娘娘求签问卦、祈福还愿，更有当地村民在庙内外摆放桌案，帮助香客“解签解惑，指点迷津”，给本已热闹的妈祖庙更添人气。

上厅正中的神龛里，供奉着妈祖娘娘的坐姿金身。但见妈祖头戴凤冠，目光慈和，脸庞圆润，正俯瞰人间。神龛两侧有一副对联，但因贴着一块块不规则的约 30 厘米见方的红纸片，而无法看见楹联的全部内容。这些红纸片是当地百姓为家中新丁“取名、过继”而书写的契约文书，为的是祈求妈祖娘娘保佑家中老小远离灾厄，健康成长。在神龛右侧有一块石碑，由于常年香灰浸漫覆盖而看不清字迹。我只得拿出随身携带的手电筒，拂去厚厚的香灰，碑上竖写的阴刻字才渐露出来，上刻“開（开）山始主奇卿林公大人神位”。

一村民放下手中“解签”的活计，热情地对我介绍说：“妈祖娘娘是宋时莆田人，俗名林默。历史上莆田又叫兴化，因此太平山门口的楹联有‘发迹莆田瞻兴化’的内容，说明水有源、树有根。据传，明朝崇祯四年（1631）我们袁田村人奇卿公到莆田经商，后来带回妈祖神位，因此就在太平山建立庵堂，现在每年都有数以万计的香客前来敬香。”

“这座妈祖庙有 300 多年的历史了。大家都知道是由奇卿公和百姓合建的。据民间传说，当时这座庙要建在哪里，大家心里都没底，几个村子还争着在各自的村里兴建。最后以烧化的纸灰飞落地作为庙址，纸灰飞呀飞，飞到一个叫‘坑茬’的地方。这里，叫坑茬，有生龙口、日月石，门口的对联有‘显灵坑茬仰太平’字样，说的就是这个来历。这座庙历史上经多次重修，最近的一次重修是在2006年。”帮人“解签”的另一村民，迈开步子边目测庵堂的面积，边向我介绍。

“建筑面积约160平方米！”其他几个村民应道。

占地约500平方米的妈祖庙，一直受到周边百姓的敬奉和膜拜。以至于民国三十年（1941）《武平县志》在记述天妃庙条目时，赞叹“惟太平山香火最盛”。

妈祖本是海上保护神，因救苦救难、慈悲为怀而受到百姓推崇，受到历代皇帝36次褒封，封号累计达66字。汀州府客家地区，因南宋时“改食漳盐、福盐为潮盐”而沿汀江航道从潮州传来妈祖信仰。据成书于南宋开庆元年（1259）的《临汀志》记载:“三圣妃宫，在长汀县南富文坊，及潮州祖庙。嘉熙年间创。今州县吏运盐纲必祷焉。”可见到南宋末年，妈祖信仰已在汀州府立祠建庙，并开始广泛传播，历800多年风雨不改。如今闽西境内有迹可查的妈祖庙（天后宫）有405座，作为民间信仰，规模可谓大观。

站在太平山上眺望，会有一个惊奇的发现：现在的武东镇属的所有乡村，都是环绕着太平山的。历史上，这里的乡村分属归郡里（旧大顺里，今中堡）和高泰里（旧高梧保，今高梧），太平山成为这两个行政区划的分界点。民国时期，太平山周边分设六甲乡、中正乡合24保，而两个乡的接点也是太平山。新中国成立后，太平山周边分设六甲乡、丰田乡，连接两个乡的接点还是太平山。1965年，六甲乡、丰田乡合并成立武东公社（后改为乡、镇）。从此，武东这块有3万多人居住繁衍的土地，便以太平山为中心不断发展。

“风流总被风吹雨打去。”然太平山上的妈祖香火，历王朝更迭丝毫没有褪色，在岁月长河的淬炼中反而愈显光辉。这不仅是因为环太平山周边的村落自宋代以来就有人在袁田、袁畲、上畲、汤坊（三坊）、山寺（三峙）、丰田等地开基肇始，繁衍生息，渐成村落，更重要的是环太平山周边的村民祖祖辈辈对妈祖有坚如磐石的信念。日日复日日、年年复年年，不怕山高路远，不畏虎啸，不惧荆棘，携家带口，提香篮，挑“三牲”，献斋果。仁者爱人、尊崇自然、向上向善的价值观，成为支撑他们克服困难、砥砺前行的强大精神力量。

然太平山下人口众多，土地有限，人们除了种田，还会在家中或到周边村落做木匠、做泥匠、做篾匠、织藤椅等，以贴补家用。出门也好，在家也好，人们都祈求太平山的妈祖佑护平安顺利。

客家人传承了千百年的“耕读传家”，让他们更深刻地意识到只有知识才可以改变命运，只有教育后代好好读书才能光宗耀祖，受人敬重。因此，当地开始建祠堂、办私塾，延请先生，课子读书，学习做人做事道理，久久为功，才至人文始盛，书香馥郁，读书习气蔚然成风。人们不攀比金银财宝，只比哪家孩子书读得好。日月经年，厚积薄发，太平山周边走出了清康熙年间举人林宝树，他创作的启蒙读物《一年使用杂字》，成为客家文化史上的不朽诗篇；走出了新中国文坛宿将、著名文艺理论家林默涵；走出了共和国将军林伟、廖步云；走出了当代著名学者朱大可、王光明、王增能等文人墨客，还走出了多位县处级以上干部以及众多的中小学校长、高级教师、高级工程师等专业技术人员。为善最乐、好学上进的氛围，在环太平山内化于心，外化于行，绵延不绝，激励了代代读书人奋发向上……

妈祖庙前有几棵高耸入云的荷树、檀树、榉树，在明媚的阳光下，透出细碎的光。扎根大地，汲取营养，努力争光，成为妈祖娘娘赐予人们的坚实力量。

山坳里有一座百年茶亭，占地约 60 平方米，三个门由粗粝的麻石砌成，没有门板。其中一处门楣上题写“旭照亭”字样，两侧有一副楹联：“谒圣下来堪息喘，蒙庥归去肯停骖”。“庥”，指庇荫、保护；“骖”，古代指驾在车辕两旁的马。这座茶亭，应是专门为到太平山敬香的香客而建，供人休憩、思考。的确，参拜妈祖回程，在半山处，得歇一歇，想一想，在接下来的征途中，我们该做些什么？

妈祖与家园的微观叙述

◎林善珂

小时候，我是祖母的跟屁虫。白天，跟着祖母上山下地；晚上，跟着祖母和兄弟们一起睡。因此，领教了祖母对妈祖的虔诚信仰，也传承了部分祖母对妈祖的信仰。

我五岁时祖母刚入花甲，按当时生产队[①]的规矩，白天不需下地干活了，专司家中杂务和自留地（集体分给社员的菜地）。当然，家里的外交事务——去四乡八村做客会见亲戚的事也由她老人家承担起来了。我便成了祖母最忠实的随行人员。那是我最快乐的童年时光，不仅不用分担如扫地、拔兔子草之类的家务，还可以吃上几顿好饭。而且，祖母每到一村，必定到该村的妈祖庙（当时大部分村都有妈祖庙）上香，所带的一些供品吃食等，上供后带回时由我分配给家里的兄弟姐妹们，这是一个童心初萌的小孩子炫耀自己的好时机。

祖母对妈祖的信仰十分虔诚。记得我四岁时跟随祖母第一次出远门——去距家5公里外的太平山妈祖庙“朝菩萨”（客家人把一切拜神活动都叫“朝菩萨”，农村妇女甚至把基督教的耶稣也称作“菩萨”）。一路上，祖母絮絮叨叨地为我讲妈祖的故事和传说，如姑婆太姓林，我们林家人都不叫

① 生产队相当于现在农村的村民小组，是一个集体化生产单位也是一个经济核算单位。

她“妈祖太太”，而叫“姑婆太太”；如妈祖原为海神，后来发展为水神（江河湖泊护佑之神），现在是万能神，护佑一切众生；如姑婆太神通广大，能战胜一切妖魔鬼怪，人们遇到困难时，只要呼唤“妈祖太太救我”，有求必应；如遇急难（比如妇女难产）呼救时，不宜呼“天上圣母”“天妃”“天后”，而应呼“妈祖太太”。因为前者为褒封神号，女神出行时必打扮齐整，会延误时间，后者是平民身份，随呼随到。路上，祖孙俩一老一少，在山间小路上踽踽而行，如诗如画。当然，对一个四岁孩童来说，走这么远的路确实又饿又累，于是我请求祖母把篮中供品粄子给我吃几块，祖母坚决不允，说菩萨还没有吃的东西，若小孩子先吃，会使供品不洁。我于是哭闹，结果是祖母背着我走完剩下的路。

据说，祖父母年轻时曾因两个儿子起名的事有过重大争议：祖父要为儿子们在梁野山的定光佛庙里寄托乳名（不知道是不是为了体现男性尊严），祖母则坚决要在太平山妈祖庙里寄托乳名。最后，因为祖母在家里比较强势，争执以祖母的胜利告终，我的父亲起名“太赐生”，叔叔起名“太炳生”。祖母尽管有时比较强势，但并不是“河东狮”。因为，印象中的祖父母还是相互非常呵护。如冬天时，祖母怕畏寒的祖父冷，竟每日用火笼或自己的身体给独睡的祖父温暖被窝，暖好后才下床忙活家务。我们叔侄兄弟们，一旦对祖父不敬，她老人家会立即跳出来维护祖父，斥责数落，不遗余力，她甚至还会袒护祖父的小过小错。祖母曾对我们说：“对众生都要慈悲，何况你们年老体弱的祖父呢。姑婆太神目如电，在天上看着我们呢。”

祖母还告诉我们，太平山姑婆太庙里的签，是我们家族的先人林宝树制作的。该庙 28 首签诗，每签均隐含一个历史故事，从其文体、表述方式、平仄押韵、雅致程度来看，肯定是有比较高的文化修养的人创作的。庙中唯有这签诗，不是传承自湄洲妈祖祖庙，而是本县的独创，这成为本县宗教文化的一个重要景观。因为全县一百多座妈祖庙宇，都采用该庙签诗，有些佛教寺庙也采纳该签诗。

妈祖文化在传统道德建构中的影响[①]

◎谢重光

有的研究者已经指出："妈祖信仰中的显灵传说，无不含有某种道德要素，这些道德要素与神的威灵相结合，构成神迹传说的内容。而从伦理角度上看，是社会道德要素被披上神意的外衣得到宣扬，因而妈祖信仰在弘扬社会道德方面的作用，应该得到肯定。"[②]实际上，在信众心目中，妈祖形象尽善尽美，妈祖精神包含着真善美的价值和道德内涵。信众信仰妈祖，意味着认同妈祖所代表的真善美价值和道德，会努力使自己的思想和行事符合这样的价值取向和道德要求。这一点也如论者所言："文化对社会生活的影响主要表现为它对民众的心理、思维方式和价值取向的影响，即对民众既有的行为习惯、风俗的反映、修正或改造的过程。"[③]下面让我们具体地阐明这个问题。

孝道 妈祖是纯孝的典型，传说她有"船上救亲""访海寻亲"之举[④]。在妈祖孝道的激励和感召下，古今妈祖信众中出现了许多孝子，台湾北港

---

① 谢重光：《试论妈祖信仰的社会功能》，标题为编者所加。

② 朱天顺：《妈祖信仰与道德》，载财团法人北港朝天宫董事会、台湾省文献委员会：《妈祖信仰国际学术讨论会论文集》，1997，第409—415页。

③ 章伟文：《"生活道教"与爱国主义》，《福建道教》2001年1期，第8—13页。

④ 蒋维锬编：《妈祖文献资料》，福建人民出版社，1990。

朝天宫的“孝子钉”就非常有代表性。“孝子钉”的故事讲的是清朝道光年间，泉州南安有一位孝子姓萧，其父只身赴台谋生，经数年毫无音信，年幼的萧孝子遂与母亲冒险渡海寻亲，登岸前被急流冲散。萧孝子幸由渔夫救回，辗转到北港寻找双亲，他在朝天宫向圣母跪拜祷告：“圣母如肯庇佑寻得父母，铁钉则能贯入石中”。祷毕，即于殿前石阶上钉一铁钉，精诚所至，易弯的铁钉，竟轻易钉入坚硬青石之中，人人称奇，称为“孝子钉”。孝子受到一油坊老板的雇用，最后终于先后寻得母亲和父亲，一家人得以重享天伦之乐。[①] 类似的传说还有很多，这说明信众受妈祖孝道影响，“孝”的精神得到传承和发扬。

慈济情怀 妈祖的慈悲济世情怀对信众的影响也是巨大的，表现在众多的妈祖庙都热心参与社会公益事业，施医、施药，办学、助教、赈灾、济困，做了大量的社会福利工作。但更主要的是妈祖的慈济精神已经深入信众的心灵，化为广大信众的思想信念和行事准则。有一位叫张许时的老太太，就是这样的典型。她对妈祖十分敬仰，一生勤俭持家，相夫教子，敦睦亲邻，平素亦乐善好施，喜欢帮助别人，如急难救助、冬令救济或社会公益慈善事业，向来不遗余力，邻里亲朋均称她心善，对其十分尊敬。张许时老太太目前已是五代同堂，她淡泊自处，每天早上均素食，虽已九旬高龄，每天仍做一些轻松的运动，喜欢绣花做些手工艺，每年还会随大甲妈祖回北港进香，借以调剂身心。[②] 又如原籍福建漳浦旧镇的台胞林瑞国、林瑶棋先生，亦是崇信妈祖，热爱故乡，慨然捐资兴建了旧镇乌石天后宫妈祖宝殿；林瑞国先生还斥巨资创建了漳浦长春中学，并进行海云家庙等文物古迹的修缮。[③] 在妈祖精神的影响下，像张许时老太太、林瑞国、林瑶棋这样的善心人又何止万千！

---

① 《北巷妈祖庙有孝子钉》，《中国时报》（台北），1977 年 4 月 5 日。

② 郭庆文主编：《北港妈祖显圣录》，1989。

③ 陈国强、林瑶棋主编：《漳埔乌石天后宫》，1996。

仁爱 妈祖是和平仁爱的化身，她把观音的神性吸收过来，救苦救难。受妈祖这种精神的影响和感召，妈祖信众秉承与人为善、与世无争的思想，这对于消弭人际间及个人与社会、个人与国家之间的矛盾冲突起了积极作用。例如，在南洋，“华侨华人把妈祖等当作他们祖先中的优秀人物，学习其品德和精神，并代代相传，至今仍家喻户晓。这对他们的家庭和睦，对华人社会的团结，都发挥着重要的作用。”“观世音的‘慈悲为怀’；妈祖的‘仁爱’和‘孝顺’；关羽的‘仁义礼智’……构成了华人社会较为完整的重要的道德和精神。”“对妈祖的崇拜，正象征着对‘仁爱’和‘孝顺’的崇拜。”①

诚实、公正、守信 妈祖在不少地方妈祖已被改造为商业保护神，如在澳门，渔民通过一种复杂的交易制度与专营批发水产品的中间商——渔栏发生联系。这种联系没有法律和经济方面的担保，除了要靠彼此之间的信任来维系之外，显然还需要一种外力来维护。于是，早已深入人心的妈祖女神便再次发挥作用，成为维系这种关系的商业守护神。正如论者指出的，妈祖在澳门的商业氛围中被赋予了商业神明的职能，其“神力”已涵盖了保护商民、维护信用和保障流通等诸多方面。……妈祖女神所代表的母性慈爱情怀和公平正义，正是吸引不同地域、不同职业和不同阶层的渔民、渔栏、船厂之人聚集到她身边来的精神引力。当他们把自己“听到的、看到的或有意识无意识地考虑到的对他们自己适用的东西都变成自身的一部分”时，那种被社会普遍认同的诚实、公正、守信的商业精神便生成并延续下来。于是，妈祖信仰与商业的互动便在一个更深的层次上得到了升华。由于妈祖信仰与儒释道相交融并成为海外华人民间文化的有机组成部分，所以它在华人社会中具有极强的聚合功能。②

① 翁文章:《妈祖信仰在南洋初探》,载朱天顺主编《妈祖研究论文集》,鹭江出版社,1989,第168—172页。

② 廖杨:《港澳台的妈祖文化述论》,《广西民族研究》1999年4期。

和平 具有母亲般慈爱情怀的妈祖，在当今以和平与发展为主流的世界潮流中，又被赋予了和平天使的神性。人们通过妈祖信仰寄托着对于海峡两岸和平、国际和平的期待。有人撰文说："海峡女神的形象，作为'和平女神''国际女神'而出现，是和平和爱的化身"，"旅游是海神天后的翅膀，愿'和平女神'之翼，飞向全球"。这样的说法得到普遍的认同。如今，许多人都以"海峡和平女神"一词称呼妈祖，按照和平女神的形象塑造的妈祖雕像高高矗立在湄洲岛上，面向大海，面向世界，她那慈祥仁爱的目光，表达了全世界人民热爱和平的共同心声。

此外，妈祖身上体现的同舟共济、见义勇为、忘我无私、自强不息、百折不挠等精神，也时时激励着妈祖信众，指引信众按照这些美德行事，用这些美德抵御自私、懦弱、怠惰、因循、苟且、贪赃、枉法等恶劣品质。特别是在现代商品社会，金钱的作用无时不有、无处不在，有唯利是图，甚至见利忘义者。重新认识包括"孝""慈""仁""爱""诚""信""正直""和平"在内的中华传统美德的意义和价值，并在生活中身体力行，既符合时代精神又能合理继承传统美德精华的新道德体系，便可逐渐建立发展起来。妈祖精神恰与之契合，所以说妈祖信仰对建构传统道德体系有重要文化影响，实非过言。

当今妈祖信仰已成为海内外华人文化认同的纽带，也成为影响传统道德建构的重要文化资源，有增进民族团结、加深人际间互信互助的作用，更能促进社会的安定团结。

太平山妈祖庙信俗轶事

◎林锦华

武东镇袁田村的太平山妈祖庙，因该村村民均为林姓，所以当地百姓把妈祖称为“妈祖太太”“太太菩萨”“妈祖太婆”“妈祖娘娘”等。古庙历经数百年的历史，这里香火鼎盛，吸引着武平周边各县、闽粤赣边和旅台同胞中的善男信女们，慕名前来朝拜。同时，也形成了许多独特的妈祖文化和信俗轶事。

守　岁

守岁，为当地村民的一种信俗。每年春节吃过年夜饭，袁田村除了年老者和婴幼儿，几乎是全村出动（邻村也有人参加），男女老少，结伴前往太平山，整个晚上都在太平山的庙宇里陪妈祖菩萨过年，曰“守岁”。参加守岁的人一直要等到庙宇选定的吉时，一同敬香拜神、燃放鞭炮，即农历新年正月初一的“开门大吉”仪式后，才各自返回家中，进行自家的新的一年的“开门”仪式。

“守岁”的整个过程，犹如赶庙会，人声鼎沸，热闹非凡。道公念经，有一人念的，也有多人合颂的，抑扬有致，声调悠扬，恰是一场精彩的演唱会，就是很难听懂其内容罢了。庙宇的主持还会带领大家一起敬香祈祷，祈求来年国泰民安，风调雨顺，粮丰畜旺，幸福安康。其后还会进行“跳神”，当地百姓称其为“魂通”“卜筒子”，即由其中一道公穿戴道袍，焚香念经，随即进入似睡非睡的状态，据说是可以直通妈祖菩萨，和其对话，替菩萨代言。道公口中念念有词，主要是说一些过去一年中发生的人和事，预测来年的国事家运、气候虫灾等，听得人云里雾里，此习俗年复一年，20 世纪 60 年代中期以后慢慢废止了。

庆　生

太平山的庆生会每年举办三次。农历三月二十三日是天上圣母（当地人称“妈祖太太”“妈祖太婆”“妈祖菩萨”）的诞生日；农历七月二十日是太平山寺庙落成、妈祖菩萨入庵纪念日；农历九月二十三日是皇帝敕封纪念日。昔时，袁田林姓的善男信女热心捐资购置了一些田产，成立了理事会，庙会所需资金由该会收取的田租谷项支付，也接受热心人士的捐助。庙会前，要召集村中房长叔公和较有经济实力、办事能力的人开筹备会，商讨举办庙会活动的相关事宜，如庙会的规模、资金的筹措、卫生安全等，确定分工，专人负责联系。庆生会当日还会请戏班演出，常演的有汉剧、木偶戏等，剧目有《樊梨花》《三气周瑜》《薛仁贵征东》等。走亲戚的来客和外村来看戏的人络绎不绝，整个村子人来人往，热闹非凡。

农历三月二十三日是妈祖的生日，也是庙会的正日。太平山庙宇里备办了大量的佛香、蜡烛、鞭炮和供品（太平山庙宇里是可以上鸡、鱼、猪肉等荤供品的），众多的善男信女自带香纸蜡烛等，天还未亮就往庙里赶，为的是力争敬上头炷香。敬香的人还得在庙前的溪旁净脸净手，以示对妈祖菩萨的虔诚和敬仰。庙里灯火通明，烟雾萦绕，鞭炮声此起彼伏，一派热闹气氛。虔诚的善男信女们敬香跪拜，口中念念有词，祈求天上圣母赐福人间，护佑国泰民安。有的人还要进行抽签，预测家庭、家人的运势。香毕，就都各自返家，不必再向亲戚告别辞行。按当地风俗，这样才是为自己敬香，否则，菩萨保佑的就是亲戚家了。人们由衷地相信，欢庆的庙会必将会带来丰收和吉祥。

醮　会

醮会，当地人称“打醮”，俗称“扛菩萨”。举办醮会的目的是祈福、保平安、庆丰收。

袁田村的醮会也是每年举办三次：农历正月初十，规模较小，以本村活动为主；农历七月十三日，为扛大佛、“走天国”，把菩萨扛到田野中去游历，主要为庆丰收；农历十一月初一，说为菩萨“洗浴”，规模大，宾客多。在醮会日到来的前几天，信众们都忙着大扫除，打扫整理室内外和公共场所，擦净门窗、桌椅等，一般的信众人家都酿有客家米酒，还要做豆腐、煎粄，购置香烛、鞭炮、茶叶等，家中老少都要洗头、洗澡，换上新衣或干净的衣服，做好各项准备工作。

迎神。醮会的正日，寺庙正厅菩萨的供桌上摆满了各种水果、糖果、糕点，敬神的男女老少接连不断，有些外乡来的客人也来敬香，祈求庇佑。此时，庙内烛火通明，香烟缭绕，鞭炮声连续不断，不时有土铳闷响（当地人称“放炮”）。富裕人家或者前来还愿的人家，还会预先定制购买刻有龙形图案的大香烛，曰龙香、龙烛，大的有两三斤重，可燃一天一夜。庙外，买卖香烛鞭炮的，买卖小吃零食的，小孩儿嬉戏打闹的，一片热闹，到处洋溢着节庆的喜悦。虽然人多而杂，但不须维持秩序，因大家都怕触怒神明，故而行事皆文明有加、秩序井然。

巡游，即“扛菩萨”。敬完香，放了鞭炮，就由两个（有时是四人）身强力壮的小伙子抬起妈祖菩萨，放在预先准备的特制坐轿上，按照放鞭炮者、鼓乐队、抬大香炉者、端小香炉者、撑凉伞者（一般是族中长辈有声望者，或寺庙主持）、抬菩萨者，随行人群各自持一支点燃的香火，依序前行。一路放着鞭炮，敲着锣鼓，吹着唢呐，欢声笑语，簇拥着天上圣母神像来到村里。按一定的顺序路线，穿街走巷，每巡游到富裕人户或住户较为集中的场坪时，住户都会燃放较长的鞭炮迎接，此时，巡游的队伍就会停歇十分钟左右，周围的信众摆上供品，点烛敬香，虔诚跪拜，年长者念念有词，祈求菩萨保佑合家平安、粮丁兴盛、六畜兴旺、诸事吉祥。礼毕，再燃放鞭炮欢送，又巡游到下一站。妈祖菩萨每巡游到各家信众门口时，主人都会燃放鞭炮，合掌迎送。整个村庄处在一片热闹、欢乐、祥和的氛围中。

邻近村庄举办醮会时，也有到太平山“扛菩萨”的，如袁畲、上畲、远明、炉坑等村。有的是事前商议好的，有的是偷偷摸摸抬走的，时间安排上常有冲突，不免闹纠纷。此时，就要请本村较有威望的房长叔公出面，进行调解，平息事态。

求　签

求签，即占卜，是太平山庙宇里的一项重要佛事活动。凡到太平山敬香者，大都会去求签，请求妈祖菩萨指点迷津，祈求保佑，消灾避难。

太平山妈祖菩萨灵签共有28支（其他地方也有60支、100支的），每支签文都有其特殊的内涵和意义，虽然签文都没有明确详细的解释，但每支签文都有一个美丽的传说故事，一切都要自行会意，要靠个人的慧眼去洞察当中的奥秘。

太平山妈祖菩萨灵签，在求签时要遵循以下规则：

1. 需虔诚认真，摒除杂念，不可玩笑视之；

2. 要遵守“无事不占卜”的规则，不可随意求签，心诚则灵；

3. 要净身（洗澡），确无条件时，求签时也必须把双手洗干净；

4. 适宜求签的时间一般为上午，信众们认为如要查询年度的运势，通常要在二十四节气的立春后，因此时方为新一年的开始；

5. 在刮大风、下大雨时，一般不进行求签；

6. 求签前要确定占卜的事项，如婚姻、事业、运程、财运、健康等；

7. 每天只能针对一件事情进行一次求签占卜，勿多求。

信众求签时要专心致志。先要在妈祖菩萨前敬香跪拜，然后双手合握签筒，默念“救苦救难的妈祖太太”三遍，如实报出自己的姓名、年龄、出生时辰、属相、现在居住地址等，接着报出请求指点的事项，轻轻摇动签筒，析出的一支即为求得的灵签。如果析出两支或多支，就要重新求取。求得灵签后，通常会交请庙里的主持解析，称为解签。解签者会先把灵签签文诵一遍，有时还会把签中的故事情节、来历介绍一番，然后向你了解一些相关的事项和问题，借此过程以进行察言观色，最后再给你解释灵签中所隐含的内容。所涉话题内容普遍为由远到近，由虚而实，虚虚实实，模棱两可，好与劣都能给出合理的说法。我想，解签者一定是精通信众心理者，善于揣度对方的表情及内心变化，所述的内容大都能使对方深信不疑。从现代心理学上说，这是一种运势的暗示，能起到积极的作用。

灵签分为上上签、上签（好签、顺签）、下签（差签），这其中又要根据所求事项、求签的具体时间段（早上、上午、下午、傍晚、日出日落、晴天雨天等）的不同，而给出不同的解释内容，一般差别较大，旁人看来此解签一事实是深奥莫测。

（根据太平山寺庙部分管理员口述整理而成。）

漫谈台湾的妈祖信俗特点

◎林善珂

妈祖信仰是台湾地区最普遍的民间信仰之一。由于台湾地区早期的移民多从福建渡海而来，且台湾四面环海，海上活动频繁，因此海神妈祖成为台湾人普遍信仰的神明之一。无论是街市村庄、山海聚落，还是通衢大邑，都可看到妈祖庙。

来自祖地大陆的这一信仰，因共同的血缘关系，共同的文化背景，共同的山海地理环境，使两岸妈祖信仰的信众人群及各种祭祀仪规也大致相同。

一是包含宗教、姓氏群体的崇拜。

台湾的妈祖信俗，往往包容其他宗教共存。除主祀神妈祖的专属庙宇外，妈祖神往往配祀于其他宗教寺庙。如台湾彰化的定光佛庙，妈祖神像就配祀在定光古佛（主祀神）的右边。有些佛教信众，还参与管理妈祖庙事。

妈祖俗名林默，台湾各地林氏都称妈祖为“姑婆祖”“姑婆太太”“祖姑”，借以拉近妈祖和林姓之间的关系。林姓亦常自称为妈祖的裔孙、族裔、族孙。他们有大规模的旨在联谊和共祭的团体，如台北地区以林姓为主的“七角头正龙社天上圣母神明会”，台中地区的“二十四庄林祖姑天上圣母会”“云林县六房天上圣母会”等等。

二是比较普遍的分灵习俗。

分灵系指某地新建的庙宇欲供奉某一神明或者信士欲在家中供奉某一神明时，先到历史比较悠久的大庙去求取神明的灵力。一般指从祖庙（或大庙）提取香灰，融入新庙的偶像中，新塑的神像即被视为祖庙神明的分身，具有相同的灵力，但是每年必须重新回到祖庙来进香、刈火[①]，方能保持灵力不衰。分灵习俗并非妈祖信仰独有，但其影响力以妈祖庙最为典型。台湾地区的著名妈祖庙，如鹿港天后宫、安平天后宫、台南的大天后宫等，都是分灵庙。

三是庙宇的层级性，因此有了“开台妈”的争议。

在台湾地区，大凡历史较为悠久的妈祖庙，都有可能成为邻近地区妈祖庙和信徒自宅供奉妈祖的祖庙，层层分灵传播出去后，形成一个蛛网密布的信仰系统，并通过热闹的进香、刈火形式，强化信仰的深度。信众们也相信层级较高的妈祖庙其神力灵应也较为强大。

因为有这样的层级观念，台湾地区许多妈祖庙对于自身在层级中的地位十分看重。自从妈祖信仰传入台湾以后，台湾的各大妈祖庙之间便有了谁才是“开台妈”的争论。只要是规模较大、历史较长的妈祖庙，都会在山门上大书“开基妈祖”或“开台妈祖”，标榜自己的香火乃是直接从福建湄洲祖庙而来。

四是清政府的推动是妈祖信仰发展兴旺的关键。

元明两代，妈祖信仰刚刚传入台湾，纯属民间行为，加上人口稀少，此信仰尚未成规模，妈祖庙的分布也零零散散。

到了清朝，移民台湾的人数猛增，特别是清朝设台湾府后，地方各级官员也给各妈祖庙赐匾题词或率众祭祀，大大提高了台湾地区各妈祖庙的权威，有力促进了妈祖信仰的兴旺发达。台湾的妈祖庙数量和信众也大幅增

① 刈火：也称割火或刈香。通常是指分灵的神明回祖庙，或小庙到大庙舀取香火，以示灵气的延伸、复制。一般刈火时会由分灵庙或小庙携带火缸、香担，到祖庙或大庙掬火带回本庙，象征香火之分享。

加，以台南大天后宫为例，可见一斑。

台南大天后宫自康熙六十年（1721）至光绪十八年（1892），得到雍正、咸丰、光绪三位皇帝御笔匾额三块，得到提督、总兵、知县、钦差等文武官员歌颂妈祖功德的匾额 45 块。因此大大提高了该庙在台湾地区各妈祖庙宇和信众中的地位。

日本侵略者占据台湾期间，为缓和民族矛盾，对民间信仰采取睁一只眼闭一只眼的态度。台湾地区的人民在信仰方面继续我行我素，因此，这个时期的妈祖信仰并未受到太大的打压。

1945 年日本投降，国民党当局接管台湾，台湾人民回归祖国以后对祖地信仰和祖地文化的热情高涨，妈祖信仰又进入了一个新的发展时期。据不完全统计，[①] 这一时期台湾地区妈祖庙增加了 200 多座，现在共计 510 多座，信众则达到了 1600 多万之众。除了庙宇数的大幅增加外，原有的妈祖庙大多得到整修、改建或扩建，有些妈祖庙甚至整建成了有相当规模的宏伟建筑。

综上所述可见，在现代的台湾社会中，妈祖信仰之所以能保持如此旺盛的状态，其原因：一是社会生活的因素迫使人们去追求神明的庇佑；二是妈祖的信仰能适应社会条件的变化，从海上保护神转化成了能保护各行各业的万能神；三是民间对祖地大陆的向心力，即由文化认同、血缘认同发展而来的信仰认同。这是两岸同胞血浓于水的最生动诠释。

① 台湾文献委员会编，钟华操著《台湾地区神明的由来》。

大爱东风破浪来，一尊清圣为君开

◎游荔生

千古圣母夸节义，大爱妈祖日月心。我轻轻涉过春天的小河，在流水的歌声中找寻妈祖。大爱旋律中的一个个音符，在心灵愉快地缓缓闪现。啊，春天。啊，圣母颂。当雷霆又一次滚过胸腔，雨夜饮下一杯清冽——那轻，那娉婷，那鲜妍……我看见大爱妈祖纤细的双手，一双为爱而生的手，轻盈而柔美地勾勒出春天的温暖。

新时代，四海翻腾，处处弥漫着花香；五岳震荡，祖国和平统一的号角，在湄洲岛吹响。当春风不改的旧波，拂过大爱妈祖的衣襟，青云打湿地老天荒的诺言，我分明看见许多台湾的信徒，在岛上、在海滨，在夕照艳波的水中花里，动情地倾诉，倾诉心中荡漾的那抹虹，那抹彩虹似的梦。

我奋力爬上夏天的祖庙山，在青青的石板路上找寻妈祖的痕迹。花朵的悠悠馨香，是圣母颂中灿烂的笑靥。夏天的湄洲岛，一天有一天的消息，一天有一天的长风。圣母颂的长风，承载着梦想和希望，引领着前进的航向。圣母颂仿佛燃起的火种，发出万丈光芒，映红广袤的苍穹。

《圣母颂》，高雅圣洁，听时如享受着大爱妈祖滋润万物的洗礼。绮霞阁上诗题在，从此还应有颂声。母爱是温暖心灵的太阳，奉献着无尽的光芒；母爱是滋润心灵的甘露，亲吻着稚嫩的土壤；母爱是辽阔的海洋，张开广阔的怀抱；母爱是相伴一生的盈盈笑语，母爱是生命中美丽温暖的田园牧歌。

呈诗敢拟八股诵，万岁千秋歌太平。我的思绪长上了翅膀，我在白云蓝天下找寻妈祖。冉冉晨曦中的每一缕阳光，是大爱妈祖深深浅浅的问候。秋天的湄洲岛，我寻找幸福的呢喃，在那明媚的阳光里，娓娓动听地述说。我寻找天空最亮的流星，在情意绵绵的大爱妈祖中，看它照亮了谁的梦。

远烟藏海岛，红日照湄洲。秋阳中，大爱妈祖的灵光，铺就漂亮阶梯，向上伸延，静默无语。本以为，偌大的湄洲岛应该有那种如歌的声音，伴有晨钟暮鼓的节奏……但色彩缤纷的画面，被调到了“默”，静默无语。两岸灵光秋日里，品题默是一统诗。大爱妈祖的脸上，流淌着两岸相思的泪光；大爱妈祖的根脉，联结着祖国统一的向往。

白莲千朵照廊明，一片升平雅颂声。我用深情放飞湄洲岛的冬天，我在年华中找寻妈祖。新时代明艳的辉煌，渲染了我烂漫的梦境。我来祖庙，朝拜妈祖。既能作颂长风起，何不时吹兰蕙香。妈祖，那气宇轩昂、擎天傲然的雍容气度，光耀在新时代的盛世和谐之中。大爱妈祖，那心胸澄明、亲和慈善的宽阔情怀，耸立在江河日月之上。

大爱东风破浪来，一尊清圣为君开。当湄洲岛的上空，吹过三千里的星辉斑斓——大爱妈祖开始歌唱，沉默；大爱妈祖昨日重现，重见欢颜——当大爱妈祖清新而鲜艳地写下最美、最纯净的诗句——于是，隔着一千年的光阴，天上人间的冷暖悲欢，遥遥相望……多年滨海有家住，千里乡关皆梦归。

（摘自：莆田文化网）

妈祖文化的人文价值及其遗产保护

◎陈宜安　林国平　何绵山　刘大可　彭文宇

一、妈祖文化的人文价值

妈祖信仰肇始于宋朝的福建，经过宋元明清的发展，至今已有一千多年的历史。它在中国沿海地区拥有众多的信众，不仅从福建传播到台湾，并且随着华人足迹而传播到世界各地，成为联系世界华人民族精神的重要内容之一。以妈祖信仰为核心，形成了以宫庙建筑、雕刻、文献等有形文化和神话、传说、故事、祭典、民俗、艺术等无形文化为基本内容的民间文化。妈祖信仰在传播过程中形成、积累起来的各种形式的妈祖文化遗产，是中华民族优秀传统文化的重要内容之一，其中包含着丰富的人文价值。

首先，妈祖的形象已经成为人们心目中善良、智慧和正义的化身。例如，关于妈祖一言一行的传说和故事，反映了人们对扶危济困、舍身助人等高尚品德的颂扬和追求，从而激励人们积极向善，培养朴实而崇高的人格品质。这些传说和故事大致可以分为以下几类：第一类属于舍身拯救海难，有的传说甚至认为妈祖的升天羽化也与此有关。这类传说中的妈祖多是以奋不顾身的形象出现，不顾自身安危，以救人性命。第二类属于以祈雨救人为主体的行善之举，包括祈雨解旱、排涝救民等，并且以急人之所急、不取报酬、无偿奉献等为其突出的表现。第三类是以斩妖除怪为主题，通过为民除害而为民造福，显示了一种疾恶如仇的侠义品质。第四类则是属于日常生活故事，却也显示了妈祖可敬的道德品质，如孝敬父母、和睦邻里等，不论哪类传说，都体现了妈祖的正义、勇敢、无私、孝悌、仁爱、乐善好施等美德，对于提升人们的道德品质、净化社会风气，都有积极的意义。

其次，妈祖文化的价值在于它反映了一种世界大同的崇高理想和深切的人文关怀。譬如妈祖传说中的拯救海难，并不仅仅局限于帮助平民百姓。妈祖不仅拯救急风暴雨中的平民渔船，在海上也积极襄助使节航船等官方船只，甚至还救过前来中国的荷兰番船，所救治的病人也涉及福建、江浙、广东、台湾等地的平民和官员。不论是救苦救难、乐善好施，还是斩妖除怪，都以拯救生命为最高宗旨，以追求生活幸福、社会和谐安宁为目标。时至今日，妈祖的文化精神对于弘扬正气，促进精神文明发展，仍有积极的社会文化价值。

再次，妈祖文化不是一种考古的“文物”，而是一种“活态”的文化，其包含的文化纽带意义已经越来越受人们的重视。俗话说：“有海水的地方，就有华人，有华人的地方，就有妈祖。”福建在海外的华侨华人有一千多万，他们把妈祖信仰带到了世界各地。凡华人所到之处，都要设立会馆，会馆中必设妈祖神座；即使是在海洋中行驶的各国商船，只要有中国水手的，也多半有妈祖的木雕神位。例如，新加坡的天福宫就是1839年新加坡船员从泉州运去建筑材料兴建的。又如，马来西亚兴安会馆，总会下有27个兴安会馆，每个兴安会馆都在最高一层供奉妈祖。在巴西、加拿大、墨西哥等国的华侨居留地，也都有妈祖庙。可见，妈祖在海外华侨华人社会中起着联系乡谊、敦睦亲情、寻根怀祖的重要作用。日本鹿耳岛大学民俗学教授下野敏见认为：“妈祖不仅是东南亚的，而且是世界性的信仰传播。”在今天的福建和台湾省，妈祖也是对当地影响最大的神灵。妈祖信仰是维系海峡两岸关系重要的桥梁和纽带。

实现祖国和平统一是海峡两岸人民的共同愿望。福建与台湾距离最近，语言相通，民俗相近，尤其福建是妈祖的诞生地，而妈祖信仰在台湾人数众多、影响巨大。因此，搞好妈祖文化的保护和研究工作，必将产生深远的社会影响。

二、妈祖文化遗产保护的紧迫性

联合国教科文组织 1997 年 11 月第 29 次全体会议，对人类口头和非物质文化遗产做了界定："传统的民间文化是指来自某一文化社区的全部创作，这些创作以传统为依据，由某一群体或一些个体所表达并被认为是符合社区期望的，作为其文化和社会特性的表达形式、准则和价值通过模仿或其他方式口口相传。它的形式包括：语言、文学、音乐、舞蹈、游戏、神话、礼仪、习惯、手工艺、建筑艺术及其他艺术。除此之外，还包括传统形式的联络和信息。"妈祖文化正是这样一种宝贵的人类文化遗产。目前，世界各地还存在有大量与妈祖信仰相关的宫庙、会馆、祠堂、祭祀场所、碑刻、壁画、石雕等实物和经文、契约、谱牒等民间文书及传世著作。更不可多得的是，还保存着鲜活而丰富多彩的口传文化，如音乐、戏曲、舞蹈、叙事歌谣、游戏、神话、故事、传说、礼仪、民俗、手工艺、建筑及祭仪与祭祀活动等。这些文化遗产，上可追溯至宋元，下已流传到当今，并涉及社会与文化各个领域，其广博、深邃，具有整体性和系列性等特点，是传承中华文化的重要载体。因此，开展妈祖文化保护工程，从点到面，从不同领域、不同方面加大妈祖文化研究的深度，将大大提升妈祖文化研究的质量，加深妈祖文化研究的内涵。然而，时至今日，涉及妈祖文化的文献、口传资料乃至宫庙等遭到不同程度的遗失、损毁和破坏，大量与妈祖文化有关的民俗与民间文学也正在消失。妈祖文化的保护迫在眉睫。

妈祖文化的有形遗产或正在以惊人的速度消失，或在修复、重建中造成极大的损害。例如，福建湄洲的妈祖庙，是世界各地妈祖庙的祖庙，在世界各地的妈祖信众心目中有非常高的地位。历史上的湄洲妈祖庙建筑非常独特：宅基位于山岩之上，层层升高；正殿前有钟鼓楼一对；正殿之后有朝天阁、升天峰；正殿右侧有一座梳妆楼，梳妆楼下有一座小佛堂；在正殿左侧岩峰下有一座观音堂及中军庙，山脚有一育圣祠，而在码头入口附近立有旗杆（古时候人们认为这意味着一上岸即进入妈祖庙的地界）。这是一个完全因地制宜、依山而建的体系完整的庙宇群。其建筑之讲究、雕工之精美令人叹为观止。但这座祖庙在20世纪60年代遭到破坏，此后进行重修时，总体布局虽一应照旧，但殿宇大都改为石造，梁柱也多用石头，连斗拱也以石材雕琢，其制作之功力，可谓与前者有极大差别。又如，福建泉州天后宫，位于泉州城南端，台湾有不少妈祖庙即分灵于此。史载该庙始建于宋朝，初名“顺济庙”，当时只有一间简单的大殿。明朝永乐初年曾重修，至明嘉靖年间，又在正殿后建造寝殿七间、凉亭四座及轩廊数十间。清初，施琅又大力重修该宫，从而形成了今日所见之规模，可谓弥足珍贵。但这座妈祖庙，其前殿也已倒塌。近年虽由鹿港朝天宫赞助重建，但样式却不同于原貌了。再如闽西长汀县的天后宫，初建于明嘉靖年间，历经明清两代，多有修缮，据说曾经藏有“三宝”，即雍正时塑的妈祖神像、道光年间的香炉和铜印。但后来整座天后宫被划拨给电厂使用，电厂将天后宫正殿改造成车间，前殿变成职工宿舍，钟鼓楼的前面还建起了三层的办公楼，宫内的神像和一些珍贵的雕刻不知去向。该天后宫直到近年才得以修复，但已跟原先的妈祖庙完全不同。

据不完全统计，20世纪中期以前，福建全省共有大小妈祖庙几万座，其中较大规模的多达千余座，但后来一些有特色的、历史悠久的妈祖庙及其他实物，均因人为的或自然的（地震、火灾、山洪、台风等）原因遭到破坏，更有大量的乡间妈祖庙年久失修，濒于倒塌。同时，庙中的一些文献资料、碑刻、壁画、楹联、雕刻、器皿等也因得不到有效保护而大量消失。例如，福建武平县桃溪小澜村天后宫，1996 年 8 月调研者还在该处抄录了清嘉庆、道光年间的《澜溪天后宫序》《谨将乐助花名列后》《敬塑圣像各信妇捐助启列》等碑刻，发现有清乾隆年间湾州万聚炉商号制造的香炉，当 2000 年调研者重返此处时，碑刻已不见踪影，据说已被当地居民用作造房的石基和铺路石，香炉也不见踪影，殊为遗憾。又如，前述福建长乐文石天妃庙中刻有重要碑文的三块珍贵石碑，现在也下落不明。再如，长汀县濯田镇桥头的妈祖庙，调查者曾见有精美的妈祖壁画和雕刻，但仅过了半年时间，此壁画竟被人为破坏，雕刻也荡然无存。许多与妈祖有关的非有形的文化形式开始被人遗忘，谙熟妈祖文化的老人陆续去世，妈祖文化的深刻内涵和积极因素已逐渐淡化。例如，现在不少人曲解妈祖信仰，认为只要烧烧香，磕磕头，就能消灾解难，从而将博大精深的妈祖文化庸俗化、世俗化。又如，一些别具文化内涵的民俗事项，由于谙熟妈祖文化的老人陆续去世而知之者越来越少，诸如湄洲岛上的妇女梳蓬形髻的由来、每年农历三月廿三日湄洲渔民不出海捕鱼的原因、莆田妈祖元宵节安排在农历正月廿九日的原因、居住在海岛上的人名字中为什么有一个“妈”字、妈祖节日时妈祖庙前往往有儿童表演的舞蹈的起因、闽西客家妇女难产时为什么不呼“天上圣母”而呼叫“妈祖太太”等，其中所包含的文化内涵都逐渐被人遗忘。还有许多民谣、山歌、民谚俗语、谜语、祭词等口头文化也已失传。这样的口传文化，知晓者如今至少年逾七旬，这些老人应当是我们进行访谈、录音、录像的主要对象，也只有他们才会给予我们保护和抢救妈祖文化遗产的最后机会。如果我们还不及时保护和抢救这类妈祖文化遗产，再过几年它们都将成为无可挽回的过去。

有关妈祖的祭祀活动，经过千百年的发展，各地都有一套固定的程式和习俗，如“朝山进香”“打醮”“游境”等，尤其在妈祖故乡更是发展成一套极为繁复的仪式，如“起驾”“坐殿”“祝寿”“刈火”“捕香”“回銮绕境”“添火”等，但这些程式中，有的仪式已逐渐被遗忘，有的以简化了的或其他形式的东西替代，失去了原有的风味，从而也改变了其原有的重要内涵。在台湾和东南亚各地，妈祖祭祀也有一套极为讲究的程式，内涵极为丰富。如台湾妈祖游绕境时，随行的有神轿班、轿前吹、开路灯、哨角队、卅六执士、庄仪团、乡旗队、神童团、弥勒团、福德团、太子团、三仙旗、头灯、头旗等。对于这些，我们也需要加以搜集整理，从而有利于两岸的沟通和今后的进一步交流。

三、保护和研究妈祖文化是义不容辞的责任

早在20世纪初，著名学者顾颉刚、容肇祖、朱杰勤等，就开始从各类地方志、游记、杂记、庙碑等史料入手，研究妈祖的事迹与传说。改革开放以来，闽台学者更加关注妈祖文化的研究，并取得了较为丰富的研究成果。但从总体上来看，关于妈祖文化研究的状况仍然堪忧，高水平的成果少，创新的成果少，传世的成果少，综合性的成果少，重复研究多，未能达到较为理想的水平。

出现上述现象的根本原因在于，妈祖文化的文献整理和研究这项基础工作严重滞后。资料难以收集已成为提升妈祖文化研究层次的瓶颈，迫切需要进行相关文献的保护、系统化地集中整理等工作。但实际情况是，妈祖文化的相关研究资料因妈祖信仰的广泛且悠久而浩如烟海，且因未曾进行全面系统地调查、收集、整理，而散落于世界各地的妈祖庙宇、图书馆或个人之手，甚至许多文献还属于孤本、残本或抄本。由于这些原因，资料虽多却不便交流和查检，导致学者所能见到的妈祖文化资料十分有限，直接影响了妈祖文化研究的深入。研究者常常感叹：妈祖的相关资料有多少心中没底，妈祖研究到什么程度心中没数。在一些重要的国际学术研讨会

上，国内有的学者底气不足，就是因为资料把握不够。因此，妈祖研究者都盼望妈祖文化保护工程尽快实施，《妈祖文化资料汇编》能早日问世。可见，加大对妈祖文化相关文献保护和整理的力度，对于全面提升世界范围内的妈祖文化研究质量起着重要的作用。

中国是妈祖的诞生地，福建是妈祖文化的源头所在，历史悠久，妈祖文化遗产极为丰富，理应在妈祖文化的保护和整理方面走在世界的前头，并成为妈祖文化遗产保护和妈祖文化的研究中心。作为妈祖文化的发源地，福建不仅有加强妈祖文化建设的义务，也有搞好这课题研究的有利条件。搜集和整理妈祖文化，不仅具有抢救和保护民间文化遗产、提升福建省文化实力的意义，而且对于加强闽台的文化联系、促进国家统一大业也是不可缺少的工作，应当成为福建省文化建设的一项重要内容。

（摘自《光明日报》2003 年 11 月 18 日）

乐畲小记

◎林善珂

乐畲小村，因了湍急的无名小溪流，因了较为封闭的小村水口，因了出产种种精美斗笠，因了水口一列三座庙宇，因了一村十一姓的和谐共居；因了镶嵌于高林（十方镇高梧村至中堡镇林坊村）公路上的一颗明珠之谓，而远近闻名。

那是从我的老家上县、上省、上京，乃至漂洋过海的必经之地。过去，我曾无数次经过这里，虽然也感慨这里的富庶、美丽、人杰地灵，但皆匆匆来去，无暇驻足。

今天，老夫聊发少年狂，忽然携了几位友人，专程走访了这个“乐”字开头的小村。

首先说说这里比较闭合的水口。从村中望水口，因几棵大树遮蔽，是看不到水出口的。相传，拥有比较闭合水口的村庄，是要出大人物的，或政或军或商或术或艺。但此行同伴中的当地人氏解释说好像现在还没出过大人物，最起码全省全国知名的还没有。我闻之唯唯，又补充说，应该是即将要出。因为这里的山川形势和宜居宜耕宜读环境，也因为这里十一姓共居却少见房族角斗的和谐人文环境，更因为这里的人好学上进的精神。他听了这些话哈哈大笑并不作答。

其次说说水口处一列三座庙宇，我们一行做了一些考证。右边两座，为土地伯公庙和三仙师公庙。路左一座规模较大，却不见庙名，安放的神像和所题对联也有点混乱：中间供奉的神像，是定光古佛和观音，左边供奉的神像却是妈祖圣母，右边供奉着一尊巫教神像——吉祥子（送子之神）。佛道巫三教居然同居一室共享香火。

我们颇感疑惑，于是做了一番考辨：从庙宇所处位置来看，庙旁即为湍急小溪且有一口深潭，按照建庙规制，应为天后宫。因为天后妈祖是海神（在山区则转化为水神甚至万能神）；从庙正中的对联（圣恩深雨露，母德配乾坤）和神签（太平山妈祖庙 28 签）来看，那是妈祖庙的典型对联和签文。有学者曾说，古代时妈祖有“崇福夫人”的别称，因为宋代时广州便建有几座“崇福夫人”庙，其中供奉的正是妈祖。乐畲村一些老人也回忆，此庵即“崇福庵”。可见，此庵原为妈祖庙。从仅存的一对柱基墩石来看，此庙有些年代（至少为清代），且当年规模不小。

于是我们推断这是一座古老的天后宫，只是当地善信人士重建庙堂时把庙名弄丢了（因年代久远），在不停改建中，信众又按自己的需要和想象添加了其他神像。由此可见客家地区民间信俗的包容性和多样化。

我们在此处停留了很久，终于到了要走的时候，临行，山风徐徐吹拂，大树飒飒作响，似乎都在向我们告别。

《天妃传》文学传播述论

◎郑社彬

《天妃娘妈传》(全称《新刊出像天妃济世出身传》，简称《天妃传》)大约成书于明万历三十年（1602)，是妈祖文化与文学传播历史进程中具有里程碑意义的长篇小说。其与同时代的中国古代经典长篇小说颇有渊源，不仅对以《三国演义》为代表的历史演义小说、以《水浒传》为代表的英雄传奇小说、以《西游记》为代表的神魔小说都有所借鉴，甚至也流露出世情小说《金瓶梅》的人情特征。然而，对其研究却是“门前冷落”。《天妃传》未达到同时代经典长篇小说的艺术成就，其中的原因值得深析。以下便从《天妃传》的文学传播进行深入剖析，主要和同时期的代表神魔小说最高成就的《西游记》进行比较，展现《天妃传》在明中后期历史背景下的创作得失，以促进新时期妈祖文化与文学的繁荣发展。

一、传播主体

《天妃娘妈传》不仅未著录于孙楷第的《中国通俗小说书目》，而且在20世纪90年代前也罕有论著提及，对作者吴还初的生平、著述等情况保存甚少，目前学界单就其籍贯考证就有“福建莆田人”“福建漳州人”“江西南昌人”“江苏常州人”等不同说法。《天妃娘妈传》这样一部为天妃立传的长篇小说，由一位名不见经传的文人创作出来，在传播主体上首先就处于先天不足的情况。事实上，明中后期，妈祖信仰已广为人知，并为当时第一流的文人所关注。如有“东方莎士比亚”之称的汤显祖，就对于天妃信仰表现出高度的兴趣。他不仅创作天妃宫诗三章、文一篇，而且在其代表作“临川四梦”的《邯郸记》中，也有描写书生落水后呼唤“哎哟！天妃圣母娘娘，一片木板儿，中甚用呵”的道白。

然而，正如《邯郸记》道白所反映出的对天妃信仰的否定一样，妈祖信仰在传播主体上以码头船工为主，并不能得到当时第一流文人的真正青睐。如明代儒者陆容曾云：“天妃之名，其来久矣。古人帝天而后地，以水为妃。然则天妃者，泛言水神也。元海漕时，莆田林氏女有灵江海中，人称为天妃……或云：水，阴类，故凡水神皆塑妇人像。而拟以名人，如湘江以舜妃，鼓堆（即鼓堆泉，注入汾水）以尧后。盖世俗不知山水之神不可以形象求之，而谬为此也。”[①] 陆容之说已在竭力揭去妈祖信仰的神秘色彩，这显示出明代正统儒者对于宗教信仰的看法。而明代莆田籍儒者朱淛，批判妈祖信仰最为激烈：“吾乡国清塘上，旧有天妃庙，入境承事，勤于祖妳，其土偶设像，男女混杂，其衣服往往为人褫去，撑柱支体，守者数以窝盗发觉。……夫不能自庇其身，乃能造福于人？一庙之宫不能以阴灵呵护俾勿坏，而能凌越鲸波万里之外以救胥溺之危，不亦难乎？要之所谓天妃者，亦古之寓言所谓无是公、乌有先生之类耳！”[②] 儒家的文人士大夫，并没有把妈祖文化作为一个普遍性的主题来创作，以至于明中后期没有产生一系列与妈祖文化特征相符的、具有较高艺术成就的长篇小说。

二、传播内容

如果说传播主体不能决定文学作品艺术成就所能达到的高度，那么传

① ［明］陆容：《菽园杂记》，中华书局，1985。
② 朱淛：《天妃辩》，载蒋维锬编：《妈祖文献资料》，福建人民出版社，1990。

播内容则能在一定程度上起到决定作用。无论是《天妃传》之前的长篇经典作品，如《三国演义》《水浒传》，还是万历年间产生的《西游记》《金瓶梅》，明中后期经典长篇小说的传播主体（即作者）往往生平不详，甚至学界研究至今都还存在争议。如《三国演义》的作者罗贯中，我们对其知之甚少；《水浒传》《西游记》也是暂时分别归在施耐庵和吴承恩的名下；而《金瓶梅》的作者也一直是学界之谜。

段京肃先生说："传播内容的存在以及它对传播者和受传者都具有的驱动作用，是传播活动赖以发生的原动力。""抓住了传播内容这一关，也就抓住了传播活动的龙头。"[①]《天妃传》的传播内容即为天妃立传，小说塑造了天妃这一集合神性与人性的形象。在塑造天妃神性方面，首先突出了海洋文化影响下水神的神性特征。如第六回写土地叩首言曰："水陆各一其司。某所职者，陆也。如有奸邪内侵，某所得面御之也。某之所不兼者，水也，即有巨奸魁恶，某所不得而知之也。"[②]水陆之神分界明确，天妃水神神性特征刻画鲜明。而在塑造天妃人性方面，如第九回写天妃救舟时的动作："真一面斗鳄，一面扶舟，身在机上，如醉如迷，且动且舞。"[③]第十五回写天妃与林二郎在湄洲祖庙相见，与二郎施礼言曰："重劳圣兄到此，礼当远迎，奈何阴阳之隔，一纸攸分，倾巳差人，迎候道左，谅兄未必之知，彼香风拂馥，乃其时也。愚妹闻兄欲有事于西边，此天乃所以启吾兄成功立业之秋也。"[④]天妃与林二郎仍叙人间兄妹之情，"施礼""圣兄""礼当远迎""迎候道左""愚妹"等语，处处体现天妃富有人性的一面。

小说在塑造降妖除魔的天妃形象过程中，也刻画了鳄精、猴精、蛇精、虎精、鸡精等一系列妖怪形象。其中猴精"黄毛公"的形象刻画得是最精彩的，同样不仅有妖性，也处处显现人性。如第三回写猴答鳄曰："是则是

① 段京肃：《传播学基础理论》，新华出版社，2003。

② [明]吴还初撰，黄永年标点：《天妃娘妈传》，上海古籍出版社，1990。

③ 袁行霈：《中国文学史》(第四卷)，高等教育出版社，1999。

④ 钟敬文：《民俗学概论》，上海文艺出版社，1999。

矣，罢怎罢了。然吾闻之，同林有鸟，大限分飞。吾两人虽相从于患难之中，但今事穷势追，没奈何只得分情破爱。……吾所苦者，今斯之世，人有机心，心有机事，誓不与同中国。闻西番弱水国君臣尊敬神，境内饶富，吾往显圣其间，然后临机应变，以图大事，何如？何如？”[1]不仅称人，而且同人之心，图人之事。更值得注意的是，小说在塑造猴精这一形象时，可以看到很多与《西游记》塑造孙悟空形象相似的情节，如第十五回：“但见有大猴小猴弥天而来之时，至于近前，即将旗一招，以扇扇之，则顺风发火，彼之变毛，无不糜烂矣！此一战而成功，乃全胜之策上也。”[2]

总体上看，《天妃传》在塑造天妃、猴精等艺术形象上，坚持神性与人性的统一，在传播内容上凸显天妃济世救人、大慈大悲的人性形象，然的确还不能达到《三国演义》“三绝”形象、《水浒传》宋江形象、《西游记》孙悟空形象、《金瓶梅》西门庆形象的艺术高度。虽然在神性与人性以及刻画形象的手法上有许多相似之处，但所塑造的妈祖似乎神性大于人性，荒诞色彩多于艺术构造，故而在传播内容上不能触动传统文人，在以文人为创作主体的古代长篇小说中也不能形成类似《西游记》《西游补》《东游记》《南游记》《北游记》的小说系列。

三、传播渠道

袁行霈在《中国文学史》中说：“明代后期，在通俗小说领域中兴起了编著神怪小说的热潮。这批神怪小说，是在儒、道、释‘三教合一’的思想主导下，接受了古代神话、六朝志怪、唐代传奇、宋元说经话本和‘灵怪’‘妖术’‘神仙’等小说话本的影响，吸取了道家仙话、佛教故事和民间传说的养料后产生的。”[3]诚如《中国文学史》所概括的基本特征，综观

① 贾二强：《唐宋民间信仰》，福建人民出版社，2003。
② 谢重光：《妈祖与我国古代河神、海神的比较研究》，《福建学刊》1990 年第 3 期。
③ 杨振辉：《明代妈祖倍仰及其趋势》，载林文豪：《海内外学人论妈祖》，中国社会科学出版社，1992。

《天妃传》创作，天妃的形象集合了儒释道三家的特征。

在佛教方面，如第二回《玄真女得佛真传》，写真望颜拜伏，稽首言之曰："臣日者为灾害并作于家，谨拜王母之池，得授懿旨，推尊慈佛，大设慈航，水度苦海。"[①]这与妈祖信仰最初脱胎于佛教瑜伽派是一致的。在道教方面，如第十回《玄真女湄洲化身》，写女答之曰："道者无名之朴母，礼为人伪之物，余方欲吸风饮露，御飞龙而游于六合之外，姑乃以予为此拘拘也？赋有云：举世皆浊我独清，众人皆醉我独醒。亦安能以身之察察，受物之汶汶者乎？"[②]此时天妃形象已被刻画为深得道家老庄思想的女神。在儒家方面，如第五回《玄真女别亲下凡》，写星君与夫人起而扶之曰："吾儿心存济世，志切仁民，恶妖如鹰鹯之逐鸟雀，乐圣教如赤子之慕慈亲。仁人便是孝子，服劳奉养，未足为孝也。"[③]此时的天妃不仅心存儒家济世之心，而且"慕慈亲""足为孝"。

然而，即便妈祖身兼儒释道的特征，看似不与以理学为主流的意识形态相矛盾，然其本身还是属于民间信仰，有民间信众自发性、草根性的特点，有别于官方认定的和正式的宗教的信仰。"民俗信仰又称民间信仰，是在长期的历史发展过程中，在民众中自发生成的一套神灵崇拜观念、行为和相应的仪式制度。"[④]贾二强则更明确地认为："所谓民间信仰，是相对于正式的宗教或得到官方认定的某些信仰，在一定时期广泛流传于民间或者说为多数社会下层民众所崇信的某些观念。"[⑤]

自唐宋以来，民间信仰事实上是相对于正式的宗教及官方认定的信仰而存在的。从妈祖信仰的起源来看，它是福建莆田、泉州等地在千年的历史进程中，经过底层民众集体创造、集体传承并不断传播的文化事项。不仅

---

① 徐晓望：《妈祖信仰史研究》，海风出版社，2007。
② [明]谢肇淛：《五杂俎》，上海书店出版社，2001。
③ 曾美香：《妈祖文献学》，硕士论文，华中师范大学，2008。
④ 钟敬文主编：《民俗学概论》，上海艺文出版社，2006。
⑤ 贾二强：《唐宋民间信仰》，福建人民出版社，2003。

不同于系统的、有严密组织的宗教，而且未与上层的儒家文化相呼应。因此，妈祖信仰在长篇小说上终于没有取得较高的成就，也没有得到有力传播，于是转向了与民间信仰相适应的以庙宇和地方民间戏曲为中心的传播渠道。

四、传播对象

谢重光先生认为："神祇位号的高低，标志着该神祇神格的高低，而神格的高低是一定社会现实关系的反映，它不是由帝王凭主观意志随意决定的。帝王封赠给神祇以什么样的位号，既要根据现实政治需要，又得取决于该神祇已被赋予了多大的神性，以及他在社会上产生了多大影响。"[①] 从传播对象来看，历代统治者对妈祖的封号，是妈祖信仰扩大社会影响的重要助力。官方的封号不仅提高了妈祖的地位，而且使妈祖列入国家正祀，即成为官方供奉的正神。许多内陆地区或者从事与海洋经济无关的行业，都可能选择建立以妈祖为主神的庙宇，按国家礼制供奉妈祖。然而，"从载籍看，终明一代 270 多年间，明代褒封妈祖仅有四次，实际上只有两个封号"[②] 仅有的两次妈祖封号分别为洪武五年的"昭孝纯正孚济感应圣妃"和永乐七年的"护国庇民妙灵昭应弘仁普济天妃"，与宋代的 14 次、元代的 8 次、清代的 15 次相比显得尤其薄弱。

实际上，从明代开国，官方就开始大规模废除民间信仰，"革去百神之号，惟存其初封"。而"明中叶以后逐渐告别了大规模的海洋活动，朝廷对天妃的信仰淡化。"[③] 明朝官方对民间信仰态度的转变，导致拆毁天妃庙的事件时有发生。如莆田地区天妃庙，"前郡守云泉吴公毁其薪木，以新弼教公馆。"最为重要的是，统治者对民间信仰的态度，也使得明朝文人和士大夫

---

① 谢重光：《闽西客家地区的妈祖信仰》，《世界宗教研究》1993 年第 3 期。
② 谢重光：《闽西客家地区的妈祖信仰》，《世界宗教研究》1993 年第 3 期。
③ 谢重光：《闽西客家地区的妈祖信仰》，《世界宗教研究》1993 年第 3 期。

对妈祖的态度参差不齐，并且毁多于誉。如康大和《兴华府志》云：“按天妃之名，其来久矣。古人帝天而后地，以水为妃，然则天妃者，泛言水神也。”说明天妃的水神特质，他认为这种天妃信仰不过是一种民俗式的存在。而明后期福建地域文学的领军人物谢肇淛在其《五杂俎》中则指出：“天妃，海神也，其谓之妃者，言其功德可以配天云耳。今祀之者，多作女人像貌，此与祠观音大士者相同，习而不觉其非也。至于杜子美、陈子昂皆以拾遗讹为十姨，俨然妇人冠被，不尤堪捧腹耶？”[①]这些都说明，当时福建地域的文人和士大夫在总体上趋向于否定妈祖神。福建的文学大家尚且不能推崇妈祖文化与文学，更何况全国其他地方的文人士大夫对妈祖文学的传播态度。相比宋元时期，“宋元两代众多的士大夫如廖鹏飞、丁伯桂、刘克庄、黄彻、洪希文、柳贯等人，对妈祖信仰几乎众口一词，极尽推崇之能事，这是妈祖信仰能够在短时间内走向全国的重要原因之一。”[②]而“通明一代尤其是中晚明时期，海禁政策与理学社会思潮使妈祖信仰在官方的推广未能如元代发展之速。”[③]明代士大夫的怀疑与否定，对妈祖信仰的文学传承产生了极大的消极影响。在封建社会中，文人士大夫是文学传播的核心力量，在左右时代的文学走向上往往发挥着举足轻重的作用。因此，明代文人士大夫对妈祖信仰的深层否定，必然使《天妃传》此类以天妃信仰为内容的长篇小说的创作逐渐式微。

此外，相对于明朝统治阶层这一传播群体，民间自发的传播群体，即信奉妈祖的民众、信众，文化程度普遍较低。作为妈祖信仰传播中心的莆田、泉州乃至闽台地区，明代时还属于偏远地区，无法与江浙地区的市民阶层相提并论。

---

① [明]谢肇淛：《五杂俎》，上海书店出版社，2001。
② 贾二强：《唐宋民间信仰》，福建人民出版社，2003。
③ 贾二强：《唐宋民间信仰》，福建人民出版社，2003。

五、结语

总之，《天妃传》在传播主体、传播内容、传播对象、传播效果上，与明代经典长篇小说相比，存在诸多劣势。以闽台地域的妈祖信仰为基础的小说创作，最终没能成长为第一流的古代长篇小说。

如今，妈祖文化与文学早已成为闽台地域文化与文学研究的重要载体。作为妈祖文化与文学的当下传播者，妈祖信众应真正将“热爱祖国、热爱和平、除暴安良、见义勇为、助人为乐、无私无畏、甘于奉献”的妈祖精神发扬光大，站在传播者的角度创造妈祖文化与文学发展的有利环境，“用妈祖文化弘扬妈祖精神，用妈祖精神传播妈祖文化”，促进新时期妈祖文化与文学的传播与繁荣。

圣迹长辉今古颂

——莆田贤良港天后祖祠随感

◎林永芳

己亥春三月二十三，莆田贤良港鞭炮齐鸣，鼓乐震天。踩街的、表演的、祭拜的，一队接一队，盛装而过，热闹非凡。海内外由湄洲妈祖祖庙分香的宫庙和认同贤良港祖祠为原祖的宫庙，纷纷组团护送妈祖神像到湄洲妈祖祖庙或者港里（贤良港）祖祠来朝圣、进香并举行盛大祭礼。这就是“妈祖回娘家”（“天下妈祖回娘家”）民俗。

吉时一到，司仪宣布：“诵祝文！”一女子朗声诵读：“惟太岁己亥年三月二十三日，……谨以清茶美酒，五果六斋，佳馔之仪，致祭于贤良港天后祖祠天上圣母、圣父母、海内外各宫庙妈祖、列位诸神鉴纳。祝文曰：大地之大，唯海为赫，波涛及天，风云不测。唯我圣母，时柄水泽，……”（录音记词，大意如此）主祭、陪祭各自手擎一香，跪拜如仪。

我知道，病床上的八旬老母亲，若得知我在妈祖诞辰日到了妈祖祖祠，有幸现场见证了这一“妈祖回娘家”盛典，一定会十分高兴。所以，一到现场，便立即打电话告诉了她，遵嘱代她敬香祈祷，还拍下了现场照片与视频，准备带回去给她看。

母亲吃斋念佛一辈子、朝神拜佛千万回，都未得机会到妈祖祖祠祖庙上一炷香，如今她已行动不便无法亲至，我既然因缘巧合有幸到此，有何理由不替她尽一份心？盛大仪式中，蕴含的是海内外数十个国家无数信众的精神信仰，向上向善，于法无悖，除了虔诚尊重，唯有敬重支持。

众所周知，妈祖是海神，是历代船工、海员、旅客、商人和渔民共同信奉的神祇。可妈祖的影响力绝不仅仅止于沿海地区，内陆山区同样敬奉妈祖。人们说，只要有水的地方，无论是大江大海还是小溪小河，都是天上圣母恩泽所及。以我所在的武平县为例，妈祖和定光古佛，是我们这儿信众最多、庙宇最多的两尊神。二者都是由人而神，经过历代朝廷不断加封而深入人心，几百年来早已浸润到社会生活的方方面面。

据信众介绍，全县200多个村（不包括城区），大部分村子都有天后宫，部分村有两座；全县大大小小寺庙100多处，凡是有道场的地方都有供奉妈祖，其中主供妈祖的大约四五十处。母亲、祖母、左邻右舍，无不以“妈祖太太”（或“天上圣母”）为口头禅，对妈祖信仰，我从小就耳濡目染。逢年过节，在全家吃节日正餐之前，先要把美食提到村南水口的“宫下”（瑞仙宫）等处去敬神，之后才可以拿回来给大人小孩吃。孩子们一旦生病，老人就会祈祷念叨：“观音菩萨，天上圣母（妈祖太太），古佛爷爷，诸天神佛，求求你保佑我家阿狗百病消除，邪鬼邪神近不得身，平安长大无病无灾！南无阿弥陀佛！……”而因为我们全村基本都姓林，从小就跟着长辈称呼妈祖为“太太嫔”。在客家话中，“嫔”或“嫔哩”是指母亲，“嫔驰”是指祖母。“太太嫔”这一称呼，意味着妈祖是本家祖姑奶奶。

我曾受命为两座天后宫撰联。一是2017年3月，闽赣交界处的东留镇桂坑村桂林山天后宫重修，用了我的两副联作（主事者调整了个别字句），分别是：庙前正柱联为“始自莆田慈光远照家山外；兴于桂境圣德长播天海间”；正门中柱联为“坤德配天山安海静承灵佑；慈怀济世雨顺风调沐大恩”。二是2019年2月，我所在的村庄重修村口天后宫，需要一副对联。

主事者特地打电话让我拟联。当时工作繁忙，便匆匆拟了“慈航广济今古颂；圣迹长辉海山安”一联交去，平仄格律上只稍事思索而未及进一步推敲。年底返乡，伫立门前端详，蓦然惊觉，其实应该微调，改成“圣迹长辉今古颂；慈航广济海山安”，才不至于被指为失替。可联语已被镌刻在天后宫瓷砖上，若强行凿下替换，必然有损于宫庙的完整且须额外耗费人力物力，反而有悖神灵体恤众生的本意了。只能闭目合十，祈求宽谅。倒是母亲，听说我为村里的天后宫撰联，十分高兴，说：“应该的，应该的，天上圣母一定会保佑你平平安安，诸事顺吉！”我回答，一定会保佑我母亲，平安健康，百病消除！

我县最著名的天后宫，莫过于梁野山东麓武东镇袁田村太平山的“天上圣母庙”，建于明崇祯十三年（1640），距今已有381年。相传，大约400年前，村里有位林奇卿在莆田经商，店中供奉妈祖神像。于是，返乡时，他带回妈祖画像，请人依样雕刻成妈祖神像，并发动村里乡亲在大坪山（后改名太平山）建起天上圣母庙。如今的太平山妈祖庙，大门对联曰：“发迹莆田瞻兴化；显灵坑茌仰太平”。庙内设有三座神座，中间神座供奉妈祖坐像，左边神座供奉观世音立像，右边神座供奉吉祥阿哥立像。吉祥阿哥是客家地区主管生育的神灵，将观世音菩萨和吉祥阿哥一起作为妈祖的陪神，从侧面折射了人们对妈祖还寄以护婴安民的厚望。太平山妈祖庙香火非常旺盛，信众络绎不绝。

远离海滨的山区尚且如此，遑论作为妈祖诞生地的贤良港祖祠和作为妈祖升天处的湄洲祖庙。据说，每年“妈祖回娘家”之日，有上万人来到祖祠朝拜。有人说2013年农历三月二十三日，为了招待上万信众，贤良港祖祠仅大米就用了2500斤。

无论是妈祖林默，还是被认定为“定光佛化身”的郑自严，最初都只是凡人。为什么人们会如此崇拜他们，坚信他们已经成仙成佛，可以庇佑众生？君知否，在推动他们一步步成神的那些传说里，分明暗藏着先人的无限希冀——勤扒苦做却依然捉襟见肘、面对命运叵测而无力无助的人们，多么渴望苍天有眼、天道昭彰、善有善报，多么渴望百毒不侵、遇难呈祥、一生平安！

曾有学者从心理学角度分析，认为神是因人类的恐惧而生。当人类遇到自己无法掌控的事物，比如变幻莫测的命运，比如喜怒无常的大自然，比如极度匮乏的物资……在恐惧与绝望中，就会渴望并幻想有一种超自然的力量来帮助自己渡过这些难关——我斗不过你，但我可以感动某个比你强大的力量，让它来斗赢你，这样，我的人生就变得不那么绝望……换言之，“神”是人类在大自然面前倍感无力的产物，人类力所不及的地方，“神”便应运而生。因此，世界各大神话体系，基本上都是人类社会发展初期诞生并成形的：越是生产力不发达的时期，越是盛产神话。

以自身而言，在无神论教育的影响下，一度坚信科学，至多如孔夫子所言，六合以外，存而不论，宗教场合双手合十只为入乡随俗的尊重。但有两次，却虔诚地渴望真的有神存在。第一次是幼子患病四处求医而收效甚微之后，无比渴望有真神，帮我保护孩子，助我渡过这无力应对的急病难关；第二次是父亲去世，眼看着至亲不再醒来，刹那间无比渴望有神仙，有天堂，因如此，人的死亡便不会是彻底的寂灭，而是另一种形式的新生，让生离死别的亲人还能有机会在天堂重逢。

若从纯科学的角度去剖析，神话传说的盛行，折射出的正是蛮荒时代这片土地上的先民是多么艰难，多么无助！即使时至今日，对于大自然，人类依然只能敬畏。

识天气、通医理、善舟楫、乐善好施，能航海寻兄、为民祈雨、圣泉救疫、扶危济困、救助海上遇险者的妈祖林默，能除蛟伏虎、惩恶扬善、祈雨求阳、赐嗣送子的定光佛化身郑自严，都是人们在险境中的精神依靠、绝境中的希望，支撑着一代又一代凡俗众生穿云破雾走完坎坷人生。

此刻，手捧贤良港天后圣殿基坑挖出的“五色土”，面对妈祖圣像，人们顶礼膜拜，只盼众生安康！

闽西妈祖信仰十大特点

◎张开龙

一是大部分的闽西妈祖来自莆田湄洲。汀州天后宫虽源于航运，与潮州有关，但现在与湄洲妈祖祖庙来往更为密切，并分灵到台湾，是中华妈祖文化交流协会的会员单位。

二是大部分妈祖庙、天后宫位于江边、河边、水口、村头，都与“水”有特殊的关系，并且天后宫的大门都是侧对河边。

三是大部分的妈祖庙和天后宫都是商家独资或乡贤合资兴建。

四是很多天后宫与漂洋过海的华侨、台胞密切相关，不少台胞和华侨捐资家乡妈祖庙的建设。如龙岩市东城天后宫、永定下洋汤子阁天后宫、长汀县汀州天后宫、连城县庙前芷溪天后宫等，都与华侨、台胞关系密切。

五是相当部分的天后宫、妈祖庙是1980年后重建或新建的，如永定大排罗星坝妈祖庙是2008年重建的。也有湄洲中华妈祖文化交流协会近年捐建的，如上杭白沙镇梧田天后宫。

六是楹联签文多。几乎每座天后宫或妈祖庙都有歌颂妈祖精神的对联，从妈祖神像到庙门口，虽内容不同，但对联都是颂扬妈祖精神的，形成独特的闽西妈祖楹联文化。稍大一点、香火旺一点的天后宫或妈祖庙都有签文，善男信女前往求签，对妈祖像顶礼膜拜。

七是把妈祖当保护神来敬奉信仰。如上杭湖洋乡濑溪天后宫，永定坎市天后宫，连城隔川、林坊、芷溪天后宫，新罗洋潭圣母宫。武平太平山妈祖庙内可看到当地群众把新出生的男婴的名字以新丁告的形式贴在妈祖庙内，并取契名，如叫林马金、王马金或吕马金等，祈求妈祖娘娘保佑新生儿健康成长。

八是各地对妈祖庙的称呼有所不同。在新罗区和漳平，相当部分的妈祖庙叫圣母宫，当然称天后宫的最多；而在长汀、上杭、永定则是称寺、庙。其内供奉多种神灵，把释迦牟尼、关帝、观音、玉皇大帝、财神、定光古佛、文曲星等菩萨都供奉在一起，或在佛、道寺庙内另建一座圣母宫的也不少，多个神佛一起供奉祭祀，这是客家人多元多神崇拜的特点。

九是对妈祖的称谓也有不同。新罗区或客家地区以林姓为主的村庄，把妈祖称为“姑婆”，长汀、上杭、武平、永定、连城等一些地区则称妈祖为“妈祖娘娘”或“妈祖太太”等。

十是多元崇拜。在闽西各县(市、区)的天后宫、妈祖庙或显灵宫等供奉妈祖的庙宇中，相当多的天后宫、妈祖庙里不仅供奉妈祖，还供奉观音、定光古佛、三太祖师、关公、玉皇大帝等神袛，体现了闽西信众海纳众神的信俗特点。

新罗区、漳平市属九龙江流域的上游，居民讲闽南支系方言，妈祖信众分布城乡各地各姓，与长汀、永定、上杭、武平、连城等县客家民间的妈祖信仰有许多共同点，当然也有不同点。

相同点：

一是妈祖源自莆田湄洲妈祖祖庙。

二是妈祖庙、天后宫建筑风格基本相同。一般有宫殿式、塔式、平房式，大多为土木结构。

三是纪念妈祖的时间相同。凡是妈祖诞生日、升天日、农历的初一和十五都是信众祭祀妈祖、进香祈福的时间。

四是信众阶层相同。不分姓林、姓张，还是姓王、姓李，也不论财富多少，凡是信仰妈祖的人，都会到村中妈祖庙、天后宫进香。

五是妈祖宫庙建筑方位相同。无论是新罗区，还是漳平市，妈祖庙、天后宫一般都建在河边、水口或村口，凡是河边、溪边，有水的地方都有天后宫、妈祖庙，尤其是红坊、东肖、雁石、龙门、铁山、万安等乡镇，河边、水口、码头（指以前的水口码头），都建有天后宫、妈祖庙。

六是都有楹联和签文。在新罗区和漳平市的妈祖庙、天后宫，大都有歌颂妈祖的楹联，有的宫庙还有签文，供信士求签用。

七是信仰的目的——愿望相同。信仰妈祖的人士到妈祖庙进香，一般都是求平安、求子嗣、求财、求福、求好运，希望风调雨顺、事事称心。

八是妈祖生日期间，大型妈祖宫庙都会请道士来做法事，以纪念妈祖恩德。

不同点：

一是对妈祖的称谓有不同的地方。客家地区称“妈祖”“妈祖娘娘”“妈祖太太”“圣母”；而新罗区、漳平市信众对妈祖的称呼，也叫“妈祖”“圣母”“娘娘”“姑婆”。但“姑婆”这一称呼意思却有不同之处，客家地区叫“姑婆”，一般是林姓信众对妈祖的尊称，因为妈祖俗姓林，所以林姓后裔把妈祖当长辈，才称妈祖为“姑婆”，其他姓氏称“妈祖”“妈祖娘娘”。而新罗区、漳平市的妈祖信众叫妈祖为“姑婆”，则认为“姑婆”是不论何姓的，他们认为妈祖是未曾出嫁过的女子才叫“姑婆”，因此不想嫁的未婚大龄姑娘，长辈会戏称她为“姑婆”，或说你想当姑婆。

二是祭祀形式有不同的地方。虽然都在妈祖诞生和升天日隆重纪念，但新罗区、漳平市的信众大多在宫庙内举行祭祀进香活动，很少把妈祖像抬出来巡游。而客家地区有不少地方的信士从农历正月初八开始就有把妈祖像抬出来巡游打醮的。

三是天后宫、妈祖庙的建筑结构有所不同。客家地区的天后宫、妈祖庙有的有钟楼、鼓楼，但新罗区、漳平市的妈祖庙却很少见有钟楼、鼓楼。另外，在客家地区，妈祖庙、天后宫主楼与戏台是连在一起的，如永定西坡天后宫等。而新罗区、漳平市的妈祖庙、天后宫的主体与戏台是分开的。如新罗区南城南桥坂天后宫，就是妈祖庙、妈祖戏台与妈祖像分开建的。

四是宫庙内是否设妈祖寝宫，各有不同。长汀县汀州天后宫专设妈祖寝室并有专人侍奉妈祖起居。

五是纪念妈祖诞辰的内容、方式各有不同。新罗区和漳平市的妈祖庙在纪念妈祖诞辰时演龙岩山歌戏，用方言演唱，有的把猪、羊、鱼“三牲”摆上，有的做拜寿活动。如新罗南城南桥坂天后宫在纪念妈祖诞辰时同当地百姓给父母做寿一样，拜寿时分晚寿与早寿，农历三月二十二日晚六点半拜晚寿，第二天即妈祖生日当天早上六点半拜早寿。一早起来，信众们在理事会会长的带领下，先摆好祭品，特别是把当天一早杀好的三头大肥猪放在架上，猪头上扦上一根香，然后由会长带头诵读祭文。信众站成若干排，会长诵读祭文后举行拜寿仪式，会长说：“现在向姑婆妈祖拜寿”，信众们便一起跟着拜寿，连拜三拜。

六是信众感谢妈祖的方式不同。新罗区、漳平市的信众为感谢妈祖的庇佑，会专程送锦旗到妈祖庙，感谢妈祖保佑。如新罗区岩山乡后埔圣母宫内，就有信士送给妈祖“有求必应”的锦旗。

以上这些特点，反映了闽西龙岩市民间信仰的特征，这是我国千百年来农业文明的产物。闽西龙岩是山区，气候变化多端，当时的对外交往和生产生活，以汀江、九龙江航运为主，他们祈盼风调雨顺，出航平安。再加上自宋至清，历代帝王对妈祖的认可和褒扬，让这里的百姓也和沿海地区的人们一样，极推崇和信仰妈祖，使妈祖文化在闽西得到广泛传播，留下了众多关于妈祖信仰的文物，这是一笔不可多得的文化遗产。

定光佛与妈祖信仰之间的异同及渊源（节选）

◎付进林

一、定光佛信仰与妈祖信仰异同点分析

很显然，无论是定光佛信仰还是妈祖信仰，都属于民间信仰，因此在研究二者时，必须考虑到民间信仰是从民众的现实生活需要出发的，具有显著的功利性。无论民间信仰采取什么表现形式，其目的都是为了趋福避祸。从这一层面上看，定光佛与妈祖这两大信仰具有一致性，具体表现在如下几点：

（一）都是为了满足人们的某种需要且不断创造出新的需要。定光佛信仰的产生、发展多在战乱时期，人们生活在痛苦不堪的现实中，为了找寻自己的心灵寄托，弥合现实所带来的内心创伤，于是定光佛便很自然地在民间扎根并发展壮大，甚至信众为了满足内心的需要，而不断地为定光佛制造传说，并在这个过程中不断创造出新的内容。妈祖信仰的产生，起初是为了满足人们对安全航海的祈盼。因为生活在海边的人靠航海来维持一家的生计，但海上充满着各种风险等不确定因素，人们内心难免出现恐惧、焦虑等情绪，于是人们便通过妈祖信仰与祈祷来获得心理上的安慰。后来

随着妈祖信仰的不断发展，人们的其他祈求便不自觉地也聚焦在妈祖身上。

（二）都经历了由民间信仰的神到官方钦封的神的过程。当定光佛与妈祖信仰代代相传，影响越来越大时，统治阶级出于巩固自身统治的需要，必然会利用这种发自民间的信仰，把它纳入官方的轨道，给予某种封谥，并进行大规模的兴修庙宇和朝拜祭祀等活动。自这两种民间信仰产生以来，各朝代的统治者对其进行了多次敕封便是这一特点的有力诠释。

（三）其影响都是由区域性发展为世界性。定光佛信仰和妈祖信仰刚产生时，都是区域性的，影响范围相当小。如妈祖信仰刚形成时，其影响只局限于莆田一带。在宋代，妈祖并非莆田唯一的海上保护神，除妈祖外，还有长寿灵应庙、显济庙、灵威庙等，其神灵都与保护航运有关，妈祖仅是诸神之一，并没有绝对影响。定光佛亦是如此，虽历史上产生过多个定光佛（以福建武平诞生的定光佛为主），但刚产生时都只停留在局部地区，并无特殊之处。但后来由于种种原因，特别是历代统治者的推崇与拜祭，使其影响逐步扩大到更多地区甚至是世界范围。

这两种信仰之间除了以上论述的相同点外，还存在诸多的不同点。首先，两种信仰形成的文化不同。定光佛信仰是一种内陆文化，缺乏海洋的相关性，是在人们生活困苦、战乱不断的现实中形成。因此，定光佛信仰只被赋予了为民除害、呵护生灵、赐嗣送子、为民请命等内涵，其外延并不涉及海洋方面。而妈祖信仰则不同，其产生的缘由很单纯，只为航海祈求平安，保佑海上航行安全，属于海神崇拜的海洋文化范畴。其次，两种信仰的宗教背景不同。定光佛信仰具有浓重的佛教成分，“三世佛”是佛教中盛行的一种说法，定光佛就在这一宗教背景下产生，历史上曾出现过多个定光佛化身，但均未脱离这一宗教氛围。而妈祖信仰则缺乏明确的、正统的宗教信仰背景，具有较强的“民间性”。第三，人们对这两种信仰的生殖崇拜的程度不同。定光佛是“和尚翁”，信众对其的奉祀主要是祈求生活生产方面的庇佑，对其生殖崇拜的成分较少。而妈祖信仰除了保佑海行安全之外，还是人们供奉的保赤之神（保佑小孩平安）和掌司各事之神，凡是为女性所崇拜的对象都具有一定的生殖崇拜的成分，这是我国民间信仰中的一个重要特点。

通过对比定光佛信仰与妈祖信仰之间的异同可以看出，两者之间最大的共同点在于两种信仰同属于民间信仰。二者不同之处很多，但笔者认为最大的不同在于定光佛信仰属于内陆文化范畴，而妈祖信仰属于海洋文化范畴。

二、定光佛信仰与妈祖信仰渊源探析

定光佛信仰与妈祖信仰都根植于中国的传统文化，其渊源必然与传统文化有千丝万缕的联系。统观定光佛信仰与妈祖信仰，我们不难发现这两者都产生于中国封建社会，无论是哪种信仰都离不开传统文化这一土壤，为此，笔者试从各个角度解读定光佛信仰、妈祖信仰与中国古代传统文化的渊源。

首先，二者本质上都源于儒家“仁爱”“性善”“性恶”等核心思想。儒家学派创始人孔子主张“仁者，爱人”；孟子提倡“无恻隐之心，非人也；无羞恶之心，非人也；无辞让之心，非人也；无是非之心，非人也。恻隐之心，仁之端也；羞恶之心，义之端也；辞让之心，礼之端也；是非之心，智之端也。人之有是四端也，犹其有四体也。”（《孟子·公孙丑上》）荀子则主张“性恶”，他强调后天教化的重要性，同时也相信“人性趋善”。定光佛、妈祖，无论是性本善也好，还是经后天教化而趋善也罢，心地善良、助人为乐、行善积德是其共性。对定光佛与妈祖的信仰正是人们向往人性回归、追求至善理念的心境使然。他们所表现出来的博爱情怀，即儒家圣人所言的“泛爱众、而亲仁”理论的躬行实践。

其次，二者的祭祀仪式渊源于中国传统祭祀礼仪。《礼记·祭统》说：

“凡治人之道，莫急于礼；礼有五经，莫重于祭。”即是把祭祀作为诸礼俗中的首要者之意，难怪《左传》称“国之大事，在祀与戎”，祭祀与战争同等重要。春秋战国时期，齐国就已对祭祀非常重视，并当作顺民之经，因而《管子·牧民》记载：“顺民之经，在明鬼神，祗山川，敬宗庙，恭祖旧。……不明鬼神则陋民不悟，不祗山川则威令不闻，不敬宗庙则民乃上校，不恭祖旧则孝悌不备。”定光佛与妈祖的祭祀仪式与传统祭祀仪式并无不同，其祭祀目的不外乎为弭灾（消灾）、求福、报谢。定光佛与妈祖祭祀仪式秉承传统祭祀仪式做法，按照一定的仪式，向神灵致敬和献礼，以恭敬的动作膜拜，请其帮助人们达成靠人力难以实现的愿望。可见，定光佛、妈祖祭祀与传统祭祀具有礼仪文化认同的一致性。

再次，信仰定光佛和妈祖的心理源于中国传统文化所蕴含的生命意识。人的生命意识觉醒在我国古代的文学作品中可以找到痕迹，两汉时期的作品中就有较强而集中的反映。经过历史的沉淀，这种生命意识不断强化，并最终成为我国传统文化的主题之一，“人生苦短，去日苦多”，短暂而又无常的生命旅程时刻需要自己去珍惜与呵护，但往往会出现力不从心的局面，这必然会促使人们去祈求神灵的帮助，以维系内心的平和，而不至于焦躁恐惧。尤其是当生命受到威胁又无能为力之时，这种祈盼就更为强烈。定光佛信仰与妈祖信仰的出现正是符合了人们这一心理需求，当遇到战乱、生活困顿或海洋的风暴之时，将安危寄托于超越人力的神灵，这是其生命意识的集中体现。

当然，这两种信仰与中国传统文化的渊源还可以从其他领域切入，笔者就这几点对其进行分析，望能起到抛砖引玉的作用。

源远流长

妈祖信仰的起源、传播及其特点

◎张桂林

宋代以来，妈祖就是我国海上的保护神，是航海者的精神支柱。随后，妈祖信仰跟着航海者的足迹，传播到我国的沿江沿海和我国之外的南洋等地，历几百年而不衰。现在，每逢妈祖诞辰，台湾、港澳同胞，甚至新加坡、马来西亚等地的华侨，都会来湄洲祖庙顶礼膜拜。为了更好地理解妈祖信仰，必须追本溯源。

一、妈祖信仰的起源

妈祖又称“天妃”“天后”“天上圣母”，生前是北宋年间福建莆田县湄洲屿的一名普通女子，姓林名默。[①] 她死后，乡人感其生前为民治病、海上救人的恩德，在湄洲屿立庙祠之，这就是闻名中外的湄洲妈祖祖庙。

从现有的资料来看，妈祖信仰的起源，最早的记载是南宋绍兴二十年（1150）廖鹏飞撰的《圣墩祖庙重建顺济庙记》(以下简称《庙记》)，现摘文如下：

---

① 据宋代资料记载，妈祖谓“湄洲神女林氏”或“湄洲林氏女”。到明末清初《天妃显圣录》一书中称她“生至弥月，不闻啼声，因命名曰默”，从此开始称妈祖为林默。

姓林，湄洲屿人。初以巫祝为事，能预知人祸福。既殁，众为其立庙于本屿。圣墩去屿几百里，元祐丙寅岁（1086），墩上常有光气夜现，乡人莫知为何祥。有渔者就视，乃枯槎，置其家，翼日自还故处。当夕便入梦墩傍之民，曰：“我湄洲神女，其枯槎实吾所凭，宜馆我于墩上。”父老异之，因为立庙，号曰圣墩。

《庙记》内容揭示了妈祖信仰起源于湄洲屿，“显灵”于宁海的传说。雍熙四年（987）林氏女死后，“众为其立庙于本屿”，受人崇拜。到元祐丙寅岁（1086）莆田宁海人经常看到“光气夜现”，又梦见“湄洲神女”要求祭祀而发起建庙，“号曰圣墩”，这中间正好经历 100 年。在这个时期，湄洲岛民众崇奉妈祖为保护神，经渔民、商船出海渲染，扩大了妈祖的影响，为妈祖信仰向莆田陆地传播提供了条件。妈祖首次在宁海“显灵”，并非偶然的事。宁海在今莆田市涵江区三江口，那时是一个渔业和商业的港口，这是妈祖在这里“显灵”的经济动因。这个民间传说促使妈祖信仰由湄洲传播到莆田等地。随后各地陆续有她“显灵”于沿江沿海的传说，其影响越来越大。至宣和五年（1123）路允迪奉命出使高丽，道东海遇险，“有女神登樯竿，为旋无状，俄获安济”。当时使团中有莆田人“保义郎李振，素奉圣墩之神，具道其详，还奏诸朝，诏以顺济为庙额”。[①]从此，妈祖得到北宋最高统治者的褒封，成为朝廷肯定的航海保护神。

但是，李献璋教授认为妈祖信仰起源于宁海。他说：“妈祖乃是宁海圣墩开显之后才开始奉祀的，一直被看作是最初的发源地。”妈祖信仰起源于湄洲屿，是被《庙记》证实了的，也是多数学者的看法。如果把宁海圣墩看作是莆田妈祖信仰的发源地，那是可以理解的，但说妈祖是在“宁海圣墩开显之后才开始奉祀的”，这与莆田妈祖庙创立的历史不符。关于妈祖信

① 廖鹏飞：《圣墩祖庙重建顺济庙记》，见《白塘李氏族谱》。

仰的记载，李献璋教授又说："在最古老的史料中早已有所暗示，如黄公度所题顺济庙的诗曰：'枯木肇灵沧海东，参差宫殿崒晴空。平生不厌混巫媪，已死犹能效国功'"。[①] 过去学者往往也认为这是妈祖信仰的最早文字记载，而廖氏《庙记》的发现，纠正了这种传统的看法。从《庙记》中我们还可以窥见妈祖信仰在北宋最初传播的情况。

宋代妈祖信仰的产生，虽与当时兴化经济、政治、军事诸因素息息相关，但当时的海上活动是直接原因。

湄洲屿又名鲦江，在莆田县东南80多海里处，面对台湾海峡，与宝岛台湾遥遥相望，地处福州与泉州之间，是海上南北交通必经之路。该岛虽有可耕之地，但人们还是以海为田，以渔为业，天有不测风云，海上气象变幻无常，台风暗礁防不胜防，在当时的航海条件下，一不小心，随时有船沉人亡的危险。所以人们才会幻想有一神祇作为海上保护神，能保护出海之人。林氏女"生而神异"，"初以巫祝为事"。在当时的社会，人们对自然的认知很有限，尤其湄洲岛，孤岛偏僻，因此巫女有一定的社会地位。她不但为民治病，还经常把观察到的海上气象告诉人们，使许多渔船和商旅避免了危险。在气象科学不发达的时代，她的所谓"知人祸福""言人休咎"的气象预言，对于湄洲屿冒险出海的渔民及其家属来说，无疑具有很大的吸引力，所以她成为人们的依赖对象。"既殁，众为其立庙于本屿"，"人根据自己的样子和类似自己的样子创造了神"。[②] 妈祖成为航海者海上活动的精神支柱。自北宋末年获褒封，后南宋、元、明、清历代皇帝出于政治上的需要，都对妈祖尊崇备至，封号由"崇福夫人"，进而"天妃""天后"，直到"天上圣母"。朝廷还不断遣使致祭，甚至列入国家祀典。历代帝王对妈祖的加封，这对民间妈祖信仰的发展起了很大的促进作用。

---

① 肖一平，林云森，杨德金编：《妈祖研究资料汇编》，福建人民出版社，1987，第30—31页。

② ［苏］斯克沃尔佐夫—斯切潘诺夫著，张景明译：《谈谈宗教的思想》，人民出版社，1956，第11页。

二、妈祖信仰传播的概况

妈祖信仰产生后，首先在莆田地区传播。据记载，宋代时莆田地区的妈祖庙很多，“莆人户祠之，若乡若里悉有祠”。[①]其中有影响的妈祖庙，除上述湄洲、圣堆（圣墩）以外，还有平海、白湖等处庙宇。

平海天妃庙是妈祖逝世后12年，由平海湾一带的航海者于北宋咸平二年（999）修建。平海半岛与湄洲屿相对，是海防要地。明洪武二十一年（1388）置平海卫。清代康熙二十二年（1683），施琅水师驻守平海，祈求妈祖护佑，准备渡海攻取台湾。当年6月，他率水师与郑克塽军队战于澎湖，传说因妈祖“显灵”助战而取得胜利。统一台湾后，施琅上奏朝廷，敕封妈祖为“天后”，并修建平海天后庙。

白湖在距县城约2.5公里的阔口村，“介延寿木兰二水间，南北商舟会焉”，[②]航运发达，有“白湖水市”之称。南宋名相陈俊卿于绍兴二十九年（1159）建白湖顺济庙。此庙与湄洲祖庙关系密切，故称湄洲行祠，在南宋是一座有相当影响的妈祖庙，“昔称湘水神灵，独擅南方，今仰白湖香火，几半天下”。[③]地方官员按规定农历每月初一和十五，前往行香。后因乡村道路来往不便，于元至正间迁白湖庙妈祖神像于城内文峰宫。该宫已迁城内东岩山风景区，还保存南宋绍兴年间的木雕妈祖像二尊，是世界上现存妈祖庙中最早的木雕妈祖像。

从宋代莆田几座妈祖庙的历史，可以看出最初妈祖信仰由湄洲传播到本县的情况，后来以莆田为中心向本省和其他地区逐渐传播。

仙游县与莆田毗邻，妈祖信仰的影响自然波及该地。北宋元符年间，锦屏山就有信众开始奉祀妈祖。[④]据《八闽通志》载：“天妃行祠，在县南连江

---

① 丁伯杜：《艮山顺济圣妃庙记》，见《咸淳临安志》卷73《外部行祠》。

② 清乾隆版《莆田县志》卷1《舆地志》。

③ 陈宓：《白湖顺济庙重建寝殿上梁文》，见《复斋先生龙图陈公文集》卷19。

④ 刘克庄：《风亭新建妃庙》，见《后村先生大全集》卷91。

里风（枫）亭，宋淳熙五年（1178）建。宝祐元年（1253），教授王里请于朝，封其父积庆，母显庆夫人。妃显于湄洲，而父母封爵，自风亭始。”仙游虽然近山而不傍海，但枫亭与莆田灵川接壤，地近海边。妈祖信仰能传播到这里，与其地理位置密切相关。

泉州天妃宫，宋庆元二年（1196）建于城南“番舶客航聚集之地”。[①]又载：“自宋庆元间里人徐世昌始，时罗城尚在镇南桥内，而是宫适临浦之上，当笱江、巽水二流之汇，有祷辄应，今德胜门当其阳矣。明朝永乐间，奏今（令）福建镇守官重新拓之，而宫宇益崇。”[②]宋元明初，泉州港是中外商船的停泊地，许多商人和使节从这里出海，“实仗神庥”，人们安全归来后，整修庙宇，尤其在永乐年间“重新拓之”。可见，妈祖信仰的向外传播泉州港起了重要作用。

金门地处福建东南海上，古称浯屿，为海防重地。该县有六座妈祖庙，其中宋代建的有贤聚村天后庙，称为西宫。[③]

长乐“天后宫在西关外花眉台，原在西隅南山之阳。……明永乐十年，……因创焉，制甚（壮）丽。旁有三清殿为祝圣之所。崇祯十三年，知县夏允彝、乡绅马思裕重修。”[④]其《天妃灵应之记》碑，至今尚存。它对妈祖信仰在国内外的传播起了广泛而深远的影响。

宋元以来，船舶前往南洋地区常由福州出海。天妃宫“在水部门内之左城垣下，宫之创已久”，[⑤]至元末由地方官员扩建刷新。从“宫之创已久”来看，妈祖信仰传入福州至少在南宋。

霞浦县在福建东北沿海，元明时为福宁州地，有两座宋代妈祖庙。《霞浦县志》载：松山天后宫“建自宋朝”。同书记载乾隆二十四年（1759）郡

① 清乾隆版《泉州府志》卷16《坛庙寺观》。
② [明]崇祯：《崇武所城志·庙祀》，福建人民出版社，1987年。
③ 民国版《金门县志》卷10《祠祀》。
④ 清乾隆版《长乐县志》卷4《祀典志》。
⑤ 《八闽通志》卷58《坛遗》。

守李拔记，利埕天后宫，“前明名灵慈庙，旧在东门内，嘉靖辛酉（1561）毁。万历十三年（1585），境内合资重建于金鳌桥外”。从现有资料来看，此庙建于南宋。明清时期霞浦境内还有东冲下位塘等多座庙宇。[①] 霞浦从宋代至清同治年间，不但建有妈祖庙，其他庙宇数量也较多。有学者在其论著中说：“福宁（霞浦）县未有妈祖祠庙的记载。”[②] 这是被他忽视了的史实。

明清时期，福建沿海地区修建妈祖庙的还有诏安、漳州、厦门、惠安、福清、平潭、闽安、连江等地。现在，我们来看看本省内陆地区妈祖信仰的状况：南平，古称延平，是元代闽北产粮区的运粮起点。据《天妃显圣录》记载，元代时此地建有妈祖庙，称延平庙。清乾隆初年“在大东门内李招讨祠左”建天后宫，这在闽北是一座“规制宏丽”的庙宇。[③] 邵武天妃宫，在城东石岐山左。“民言永乐间，邵武卫官军从征西洋，舟楫颠危，赖神以济，归而立庙于此。”[④]

浦城地处福建北端，妈祖信仰于康熙年间传入，庙宇分为官祀与已祀，泾渭分明在妈祖信仰中是一种特殊现象。[⑤]

此外，在顺昌、泰宁、建宁、上杭、永定、德化等地都建有妈祖庙，其中上杭“各乡建置，所在多有”。[⑥] 至清代，庙宇分布全省，“夫闽省无处不有天后宫，俗称妈祖宫”。[⑦] 这是对福建妈祖庙分布情况的最好概括。

自宋代妈祖信仰产生后，在福建范围内尤其沿海地区建庙立祀，南至泉州北到霞浦，妈祖庙像雨后春笋似的涌现出来。从此，妈祖信仰名闻全省，同时也向外省传播。

其实，宋代时妈祖信仰就已传入广东地区。刘克庄在广东任职时曾说：

---

① 民国版《霞浦县志》卷 24，《祠祀志》。
② 肖一平，林云森，杨德金编：《妈祖研究资料汇编》，福建人民出版社，1987，第 39 页。
③ 清嘉庆版《南平县志》卷 5，《坛庙》。
④ 清嘉庆版《邵武府志》卷 10，《祀典》。
⑤ 清嘉庆版《新修浦城县志》卷 13，《祠祀》《庙宇》。
⑥ 民国版《上杭县志》卷 19，《祠祀志》。
⑦ 邓传安：《劝修王功港天后宫疏引》，见《蠡测汇钞》。

“广人事妃，无异于莆，盖妃之威灵远矣。”[①]宋时，广州建有“崇福夫人”祠庙，崇福夫人即妈祖，是南宋绍兴二十五年（1155）的封号。到元代“屡尝忠国护民”，朝廷封为“护国明著天妃”，致使“香火尤甚”。[②]东莞官厅头天妃庙，建自宋代，该县航运发达，出海谋生的人无不崇奉妈祖，因此，“各乡多立庙祀之”。[③]

朝阳有四座天妃庙。“所祀天妃圣母之神，其创造（建）年月无考。大都始自宋元，凡乡人有祷辄应，航海者奉之尤谨。”[④]澳门，明代时称香山澳，其天后庙叫妈祖阁。据记载：“澳门初为渔港，泉漳人士莅止，懋迁聚居成落。明成化间创建妈祖阁，与九龙北佛堂门天妃庙、东莞赤湾大庙鼎足辉映日月，居诸香火滋盛，舶舻密凑，留殖繁增，澳门遂成中西交通枢要。”[⑤]海康地处雷州半岛，据《明郡人御史李天璇天妃庙记》载，南亭天妃庙“岁月深远”，不知建于何时，正统十年由县令胡文亮重修，成为雷州半岛“人心之敬”的妈祖庙。[⑥]海南岛地区奉祀妈祖始于元代，海口有两座元代天后庙。到明清时期，该岛建有九座庙宇。[⑦]这和该岛人民从事航海事业相呼应。此外，元明清时期，广东境内其他地区也建有庙宇。

据浙江方志记载，该省人民崇奉妈祖从宋代开始，鄞县（今宁波）灵慈庙、临安（今杭州）艮山顺济圣妃庙就是明证。

宁波是宋代著名的对外贸易港口，北宋政府曾在这里设立市舶司，管理对外贸易事务。因航海事业的发展，宋代鄞县建有妈祖庙。据记载：“鄞之有庙，自宋绍熙二年（1191），来远亭北舶舟长沈法询往海南遇风，神降，舟以济，遂诣兴化分炉香以归，见红光异香满室，仍舍宅为庙址，盖以官

① [宋]刘克庄：《后村集》卷36《祝文》。
② 《夷坚续志后集》卷2《崇福夫人神兵》。
③ 清宣统版《东莞县志》卷18《坛庙祠》。
④ 清隆庆版《潮阳县志》卷10《坛庙志》。
⑤ 《妈祖阁五百年纪念碑记》。
⑥ 清康熙版《海康县志》下卷。
⑦ 清道光版《琼州府志》卷8；康熙《乐会县志》卷2。

地捐资，募众创殿。”[①]关于该庙的历史，《鄞县志》记载较为详细，这里不再赘述。又据《宁波天后宫碑铭》记载：“吾郡旧有天后庙在东门外，肇建于宋，实今（光绪十年）有司行礼之所。”可见鄞县灵慈庙是浙江的开山祖师，对全省妈祖信仰的传播起了启迪作用。

临安艮山顺济圣妃庙，于南宋开禧年间（约 1205—1207）建。“旧传监丞商公份，尉崇德，日感梦而建祠。”[②]南宋朝廷定都临安，偏安江南，海外贸易成为主要的财政收入。因此，妈祖受到最高统治者的频繁褒封，提高了她的神格，扩大了她的影响。

临海天后宫“旧在城东五里”，元至正十三年由江浙行省高级官员重新修建，[③]祈求海漕安全。镇海“天后宫在招宝山下，元至正十六年建，岁久倾圮。清雍正十二年……浙闽商人重建于南薰门外基地。”[④]浙闽商人在此经商，获利不少，所以重建庙宇。此外，元代建的还有海宁天妃庙及平阳岭门天后宫。[⑤]

宋元时期，浙江妈祖庙寥若晨星，到明清时期数量较多，分布在瑞安、温州、黄岩、台州、象山、奉化、定海、慈溪、上虞、萧山、余姚、山阴(绍兴)、丽水等地。其中由福建人建的有台州、象山、温州等地天后宫。

上海天后宫在小东门外，古称顺济庙，建于宋咸淳七年（1271）。这是由福建人修建的一座妈祖庙，“香火之盛，甲于一方。”[⑥]

江苏妈祖庙，宋代建的有苏州、丹徒等庙宇。苏州天妃宫，在北寺东，宋元祐间创。[⑦]丹徒天妃庙“在坚土山东，旧在潮闸之西，宋淳祐间（1241—1252），贡士翁戴翼迁创于此，太学博士李丑父为记。”该庙原在京口（镇

① 程瑞学撰记，见光绪《鄞县志》卷 12《坛庙中》。
② 丁伯桂：《艮山顺济圣妃庙记》。
③ 民国版《临海县志稿》卷 11《祠祀·秩祀》。
④ 民国版《镇海县志》卷 13《坛庙上》。
⑤ 清乾隆版《海宁县志》卷 2；民国《平阳县志》卷 45。
⑥ 清同治版《上海县志》卷 10《祠祀》；王韬《瀛壖杂志》。
⑦ 清乾隆版《江南通志》卷 44《寺观二》。

江）之湄，由于庙圮，宋淳祐时，两浙转运司贡士翁戴翼迁创于江口坚土山东。据李丑父记载，此庙“北濒江淮，尚想风声鹤唳于金山花靥间；东望海门，犹记护三韩使节时事。妃既有功于此，亦宜食乎”。[①]京江为古代长江下游军事重镇和建康（今南京）北方门户，占有重要地理位置，对妈祖信仰向江苏地区传播起了促进作用。太仓县元代建的有两座天后宫，一在“周泾桥北”[②]，一在“刘河镇北漕漕口”[③]。这两座庙宇的修建与元代漕运分不开，其中刘家港（今江苏太仓浏河镇）是元代海运漕粮出海口，这里有座祭神后立的石碑，即《娄东刘家港天妃宫石刻通香事迹碑》，是明初所立，此碑记载内容与《天妃灵应之记》基本相同。

以上是妈祖信仰在福建、广东、浙江、江苏等地的传播情况，正如南宋丁伯桂所说：“神之祠不独盛于莆，闽、广、江、浙、淮甸皆祠也”[④]。北宋统治者出于政治上的需要，于“宋徽宗朝敕立天后圣母庙乃于阁（山东蓬莱阁）之西营建焉”。[⑤]至宣和四年（1122），福建海商又建立庙岛天后宫。[⑥]可见，在北宋末年，妈祖信仰已经在山东半岛传播了。

妈祖信仰在台湾至少有400多年的历史，是从湄洲祖庙传播过去的。台湾最早的妈祖庙首推澎湖妈祖宫，该宫在澎湖马公镇，明天启时董应举致福建巡抚南居益书，就提到澎湖有天妃宫，“彭（澎）湖港形如葫芦，上有天妃宫，此沈将军有容折韦麻郎处也”。[⑦]沈有容谕退荷兰韦麻郎是万历三十二年（1604）事，在这以前，澎湖就有天妃宫，此宫“为澎湖岛最古之寺，亦为全台湾最古之妈祖庙，虽有北港与台南二庙，当以此庙为总本

① 《至顺镇江志》卷8《神庙》。
② 民国版《太仓州志》卷4《营建》。
③ 民国版《镇洋县志》卷2《营建》。
④ 丁伯桂：《艮山顺济圣妃庙记》。
⑤ 清道光版《重修蓬莱县志》卷12《艺文志上》。
⑥ 见《海交史研究》1987年第1期第56页。
⑦ 董应举：《崇相集·与南二太公祖书》。

山庙。”[①]

北港“朝天宫在县辖大槺榔东堡北港街，祀天后。庙宇巍峨，人民信仰。先是，康熙年间，自湄洲奉神像来，结庐祀之。香火日盛。雍正八年，乃建庙。”[②]因朝天宫神像来自湄洲，所以在台湾很有影响，是全台妈祖信仰的中心。台南天后宫，“在府治西定坊，为明宁靖王故宅。康熙二十三年，靖海将军施琅建，内有施琅纪功碑”。[③]这是台湾最早的官建妈祖庙。此外，台湾的主要妈祖庙还有鹿港天后宫、大甲镇澜宫等。

妈祖信仰于明代后期传入台湾，至清代已有220多座庙宇，这足以说明妈祖信仰在台湾的影响。

三、妈祖信仰传播的特点

从妈祖信仰在各地的传播情况来看，其特点管见所及，有如下几点：

首先，妈祖信仰的传播与航海者直接相关，这是由当时海上的生活条件决定的。古代航海者终年浮家泛宅，因科学知识贫乏，对海上发生的自然现象无法解释，难免产生恐惧心理，只好祈求海神庇护。林默死后，湄洲人为其立庙，这对航海者和渔民来说是一大福音。他们一听到妈祖能使“航海者有祷必应”，就迫不及待地建庙奉祀，如莆田平海妈祖庙的建立，实际上是把妈祖奉为航海者的精神支柱。随着时间的推移，妈祖在航海者心目中的威灵越来越显著，至南宋时，其神像已被供奉在海船上。[④]从此以后，妈祖信仰跟随航海者的足迹，南到广东，北至山东半岛等地，各地奉祀妈祖的庙宇也便开始不断出现。

其次，莆田籍人士在宣扬妈祖信仰中起了重要作用。廖鹏飞的《圣墩祖庙重建顺济庙记》记载，北宋元祐时，妈祖在宁海“显灵”的传说传开后，

① 《台湾省通志》卷1《土地志·胜迹篇》。
② 连横：《台湾通史》上册，商务印书馆，1983，第173页、184—185页。
③ 连横：《台湾通史》上册，商务印书馆，1983，第173页、184—185页。
④ 丁伯桂：《艮山顺济圣妃庙记》。

对当地群众影响较大，尤其是商人，宣和四年，洪伯通出海经商，安全归来后，为感谢神德，高大其像，率先宣扬了妈祖信仰的功德。次年，由于妈祖庇护路允迪奉使高丽一事，同船的“国使李公（振）请于朝也”，[①]朝廷首次赐“顺济”庙额，为历代妈祖褒封开了先河。

在廖氏《庙记》的推动下，莆田籍官员、学者，有的写诗，有的著书立说，有的撰写庙记，有的献地建庙，不遗余力地宣扬妈祖信仰在社会上的影响。如黄公度有《题顺济庙诗》，诗中叙及妈祖身世及死后受到百姓崇奉的情况；李俊甫在书中编纂《神女护使》条，说妈祖“生而神异”，死后被人崇拜；[②]丁伯桂说，林默死后“号通贤神女，或曰龙女也”；李丑父说，妈祖“御灾患，有功德于民”；特别是名相陈俊卿献地建白湖顺济庙后，使“白湖香火，几半天下”，对妈祖信仰的宣扬起了相当大的作用。至南宋后期，文学家刘克庄说，妈祖“香火布天下”[③]，说明妈祖信仰已经遍布各地。至元明清时期，随着海事活动的增多，有更多的人宣扬妈祖信仰，如莆田籍人士黄四如、林尧俞、林清标等，这里就不一一列举了。

再次，妈祖信仰的传播与元朝漕运分不开。元朝定都燕京（今北京），仰给于东南漕粮。漕粮以海路运粮为重，当时海运航程上“风涛不测，粮船漂溺者，无岁无之”，甚至“有船坏而弃其米者”。[④]船上官兵水手为着自身安全和完成运粮任务，无不希望获得妈祖的庇护。妈祖作为漕运上的保护神显得日益重要。元朝政府为了顺应民心，在宋代褒封的基础上，将妈祖地位升格为天妃。

元朝漕运粮食路线是由太仓浏家港达于直沽（今天津），再经北运河转到通州储备，以便供应首都军需民食。这样，妈祖的香火跟随粮船上的官

① 黄四如：《圣墩顺祖庙新建将厘记》。
② 李俊甫：《莆阳比事》卷 7。
③ [宋] 刘克庄：《风亭新建妃庙》。
④ [明] 傅浚：《元海运志》。

兵水手传播到了北方，现存天津东门外的天后宫就是元代建立的。[①]

第四，台湾的妈祖信仰，与闽粤移民息息相关。福建、广东沿海地区的百姓从宋代开始就信仰妈祖。明清之际，闽粤百姓迫于生计，渡海移居台湾，垦荒种植，但对这些移民来说，台湾海峡时有海难发生，是出生入死的险境，这就要求他们要有毅力和恒心，去战胜困难，然后安全到达。但在面对莫测的海洋、危险的航程上，妈祖信仰对他们在精神上起了鼓舞作用，因此，他们在出海之前会到妈祖庙进香膜拜，在海上航行时也把妈祖神像带到船上，若没有神像就以妈祖香火或神符代替。他们平安到达台湾后，认为是得妈祖护佑才平安无事，为了感念其恩德，就在登岸的地点或是安家落户后的地方，建起简单的小屋，“奉迎船上天妃”，早晚祀之。[②]妈祖信仰就这样跟随这些移民传播到了台湾。可以说，闽粤渡海来台的移民史，也是台湾地区妈祖信仰的发展史。台湾人信仰妈祖，有一份特殊的寻根怀祖的思想感情，其原因就在于此。

（原载:《史学月刊》1991 年 4 期）

① 清同治版《续天津县志》卷 4，《附祠庙》。

② 徐葆光:《中山传信录》。

福建三大文化之妈祖文化

◎潘真进

闽西客家的先民，原先是黄河、淮河、长江流域等地区的汉人。由于天灾和战乱等原因，自东晋开始就有人背井离乡、跋山涉水、辗转迁徙，最后定居于闽、粤、赣交界的地区，与当地原住民交流融合，形成了独特的“客家”族群。客家先民在迁徙时与途经地和定居地的人民交流，吸收了各地文化，从而形成了独特的客家文化。

在客家文化中的妈祖信仰很独特，尤其是林氏居民的妈祖信仰，更为独特，他们把妈祖看作自己家族的祖姑，常称妈祖为“姑婆太”“姑婆”，并把妈祖庙称为“姑婆庙”。

客家人聚居的地方位于绵延千里的大山区，生活环境恶劣，交通闭塞落后。南宋理宗绍定年间，著名法医学家宋慈任长汀县令，为缩短运盐路程，疏通汀潮经贸往来，打通了汀江韩江间的商业航道。为祈求航行安全，航道上的官吏、商人、船工接受了沿海一带崇祀盛行的妈祖信仰。据《临汀志》载，那时运送食盐等货物的人已经很崇奉妈祖。从此妈祖信仰就融入了汀州人民俗信仰的大潮，妈祖成为民间十分崇敬和信仰的“妈祖女哩”。

在客家地区，妈祖信仰同福建沿海和广东潮汕地区一样，十分普遍，几乎每县都有妈祖宫庙。妈祖信仰也遍及城乡，成为不容忽视的客家民俗文化现象。客家人外传、海交、商贸、居民迁徙、会馆组织等，都以妈祖信仰和妈祖庙宇为载体。

经过南宋后期至明代数百年的发展，随着妈祖神性的增强与神格的提高，以及闽西客家地区社会经济文化的发展，明中叶以后，妈祖信仰在闽西客家地区获得了迅速发展，供奉妈祖的庙宇随处可见。在永定县居民点较集中的溪流旁边，妈祖庙宇星罗棋布，几乎遍及每个乡村。妈祖庙或建在水口、溪边，或建在城邑、乡村，有的甚至建在高山之上，都是当时的人为了适应航运或生产生活的需要而建造的。

有些客家人建造的妈祖庙，也成为长途航运的船工、排工的临时住所，这既满足了他们的精神需求，也满足了他们实际生活的需要。在众多的妈祖庙宇中，主要还是把妈祖作为水神来崇拜的，祈求妈祖庇佑江河航程安全。此外，由于临近溪河，会受山洪暴发、溪河泛滥的水灾威胁，所以对妈祖的信仰也包含祈求妈祖制约洪水、消灾解厄、庇佑地方平安的心理需求。

客家人在传播妈祖信仰的过程中，会把妈祖信仰与当地文化联系在一起，与他们的实际生活需求融合，赋予妈祖新的职能。如武平县武东乡袁田太平山天后庙的创建，传说是因妈祖显灵扑灭山林火灾，人们为了感谢其恩德而建造此庙。可见当地民众一开始就是把妈祖作为在山区救火的神灵来崇奉的。武平县太平山天后庙中，有28首妈祖签诗，涉及面很广，几乎无所不包，无所不备，但最集中的话题是国泰民安、功名顺遂、婚姻美满、家庭幸福、行仁守义等。

客家乡民善于丰富妈祖信仰的内涵，给妈祖信仰添加了许多神性和职能。他们不是漫无边际地凭空臆造，而是受客家山乡生活环境、生活方式的影响，按照客家山区人民的生活风貌和现实愿望来塑造妈祖形象、丰富妈祖信仰内涵。客家妈祖信仰的独特性就在于，不仅把妈祖当作传统的海神、水神来崇拜，也把妈祖当作山乡守护神来信仰。

台湾岛的开台妈祖

◎林善珂

开台妈祖者，最早传到台湾岛的妈祖信仰的祖庙女神也。海峡两岸学界对此争议颇多。有以历史远近为标准的，有以在岛内影响力大小为标准的，有以是否官建（朝廷允准修建）为标准的，不一而足，大致分类为：

鹿港天后宫——在台岛影响最深远的“开台妈”[①]

鹿港天后宫位于台湾省彰化县鹿港镇。此港是大陆移民，尤其是汀、梅、惠州的客家移民（如汀州移民把定光古佛信仰带到彰化，并在彰化流行）到达的首站之一。据史料记载，鹿港天后宫分新旧三座。其旧宫历史可上溯至明天启四年（1624），颜思齐入台后在鹿港码头上建了一座茅火小庙，叫“鹿仔港天妃庙”。郑成功渡台后，于永历十九年（1676）派部将刘国轩率兵驻守，并招募福建沿海农民前往垦殖，垦殖此处的农民又在南岸另建了一座奉祀妈祖的“兴安宫”。

清康熙二十二年六月（1683），靖海将军施琅驻兵莆田平海，由湄洲恭请妈祖神像护军。至康熙二十三年（1684），平定台湾，由鹿港班师凯旋。族侄施世榜恳请他留妈祖宝像永驻鹿港奉祀，施琅从之，亲奉妈祖宝像入“鹿仔港天妃庙”并亲书“抚我则后”匾额。这是第二座天妃（天后）庙。

① 刘培宇“鹿港镇开台妈祖”；黄红兜“台湾的‘开台妈’”。

康熙二十五年（1686），由施世榜献地，开始兴建与湄洲祖庙遥遥相对的新庙。至同治九年（1870），新庙已扩建成全台最大规模的天后宫。庙中供奉着全台唯一一尊由湄洲祖庙请来的神像，人称祖神。由于香火鼎盛，神像久受香烟熏染，面部由原来的粉红色变成黑色，又被信众们称为“乌面妈”。鹿港天后宫亦号称台湾祖庙或“开台妈祖”。300多年来，由鹿港天后宫分香出去的大庙遍布台湾岛，甚至远至日本、澳洲、美国等地。

澎湖娘妈宫——台湾历史最悠久“开台妈”

澎湖是台湾的门户，也是妈祖信仰传至台岛的第一站。在澎湖县城马公镇的澎湖天后宫（也称娘妈宫），这座台湾历史最悠久的天后宫，究竟是何人何时所建，说法有三：

最早的说法是来自台湾的民间传说，相传，天后宫是元代初期至元十七年（1280）所建。其理由是元世祖忽必烈曾派兵出征日本，途中遭遇暴风烈雨，船队被风浪刮至澎湖获救，官兵认为是妈祖保佑，故奏请皇帝于次年加封妈祖为“天妃娘娘”并于澎湖建庙，此为澎湖娘妈庙之始。①

第二种说法认为澎湖娘妈宫建于明朝初年。其根据是明朝嘉靖四十二年（1563），抗倭名将俞大猷于福建莆田一役击溃倭寇，其后曾对澎湖娘妈宫大修一次。明万历二十年（1592），明军驱除了盘踞澎湖的海盗并再修娘妈宫。故认为是明初所建。②

第三种说法，明万历三十一年（1603），荷兰侵略者韦麻郎率兵舰侵入澎湖，在马公岛登陆，占领了娘妈宫。当时福建金门岛巡将沈有容率舰，谕荷兰侵略者退出。这是中国政府第一次向国际表示澎湖和台湾是中国领土，不容外国人侵犯。从而留下“沈有容谕退红毛番”的历史佳话。后人为了纪念这段历史，刻写有《沈有容谕退红毛番韦麻郎》碑，是台湾最早的碑石，现存澎湖娘妈宫后殿，镶嵌于柱壁之上。据此，不少专家推断澎

① 沙白“开台妈与台湾妈祖信仰”。

② 沙白“开台妈与台湾妈祖信仰”。

湖娘妈宫建庙时间当在明万历三十二年（1604）之前。此说被两岸学界普遍接受和肯定。[1]

继“沈有容谕退红毛番”事件之后，还有一段关于明末清初澎湖娘妈宫的记载——蒋毓英《台湾府志·附澎湖庙宇》（卷六）载：“天妃宫在东西澳（之间），前有案山，其澳安澜，可泊百余艘。系郑芝龙建伪藩更新之，今其灵犹加赫濯焉。”可见，郑芝龙曾经重修娘妈宫。

由此可见，澎湖娘妈宫对台湾岛内的妈祖信仰产生过较大影响。从历史角度看，它是台湾最早的天后宫，说它是“开台妈祖”也是准确的。

大天后宫——台岛第一座官建“开台妈”

大天后宫位于台南市，建于清康熙二十三年（1684），原为明宁靖王府邸，是郑成功之子郑经为了表示对宁靖王朱由桂礼遇而建。后来清将施琅率军攻占台湾，奏请朝廷允准在宁靖王府内供奉妈祖并改名为天后宫，此后又将其扩建为巍峨宏大的妈祖神殿。大天后宫于1985年被台湾当局列为一级古迹，在台湾众多妈祖庙中具有特殊地位，是台湾第一座官建妈祖庙，也是唯一列入官方春秋祭典的妈祖庙。庙中神像、雕刻皆出自名匠之手。古匾、古联之珍贵丰富居全台庙宇之冠。

安平开台天后宫——台湾有历史记载的最早妈祖庙

安平开台天后宫，位于台南市安平区。明永历二十二年（1668）在安平兴建“安平天妃宫”，同时冠以“开台”名号，以官庙受祀，香火鼎盛。清同治十三年（1874），沈葆桢奏请恢复安平庙地位，并改称“开台天后宫”。日本殖民统治时期，此天后宫一度改为安平公立学校。1961年，地方父老乡亲又卜地（卜地，意为选择居地。1961年选的庙址是原水师衙门）重建了安平天后宫。

安平天后宫正殿供奉三尊妈祖神像：大妈、二妈、三妈。其中的三妈

---

① 沙白“开台妈与台湾妈祖信仰”。

（现改为大妈）神像是从湄洲请来的三尊神像之一（另两尊后被请回湄洲）。三尊神像皆为软身妈祖，手指可戴戒指，全身关节可动，脚穿三寸金莲，且有裹脚布，十分珍贵。安平天后宫尽管比鹿港天后宫修建时间晚，但它是台湾有历史记载的最早妈祖庙（康熙二十五年《福建通志》有记载），且其分灵庙众多，故也称为“开台妈祖”。

中华妈祖文化在亚非和日本的影响

◎林建华

中华妈祖文化是以珍视人的生命、祈求平安、扶危救难为宗旨的仁爱文化，它是21世纪海上丝绸之路沿线国家共有的精神财富。所以说妈祖文化不仅是中国的，也是世界的。据不完全统计，全球现有40多个国家和地区建有上万座妈祖庙宇，妈祖信众逾三亿人，其中以海上丝绸之路沿线国家为主。

东南亚的妈祖信仰，主要分布在马来西亚、新加坡、印度尼西亚、越南等国。据马来西亚雪隆海南会馆的《马来西亚天后宫大观》一书记载："单单分布在马来西亚的奉祀妈祖的庙宇、会馆、宗祠就不少于200座。"新加坡的妈祖庙被视为"食德思根"的象征，据统计至少有50多座妈祖庙。越南的多数妈祖庙以会馆与妈祖庙合一的形式存在，其中最为著名的是胡志明市的穗城会馆天后庙（阿婆庙）。印度尼西亚的妈祖庙约有40多座。其中，建造于1650年的印度尼西亚雅加达金德院，是印度尼西亚群岛最早供奉妈祖的庙宇之一。菲律宾由于曾被西班牙统治，在宗教信仰中天主教占主导地位，但受华人华侨的影响，该地区也有不少奉祀天上圣母的妈祖庙宇。缅甸、柬埔寨等国，也有华人华侨在当地建造的妈祖庙宇。泰国的妈祖信俗主要是广东潮汕人传播过去的。

宋元时期妈祖信仰已在潮汕地区流行，据20世纪30年代的统计，1836年曼谷城的50万居民中，有40万是华侨，其中主要是潮州人，妈祖的信俗随之传入泰国，并与当地宗教逐步融合在一起。如曼谷达挠路的玄天上帝庙，以玄天上帝为主神，妈祖等诸多神明为陪神，显示了宗教文化的融合与交汇，泰国六世皇还给这座天后宫御赐了铜香炉。妈祖信俗成为当地宗教文化的一个组成部分，促使华侨华人更好地与当地人民融合在一起，它为当地的经济开发与社会进步做出了贡献。

东南亚地区的妈祖信仰，具有多元的文化功能。同时，不少天后宫具有慈善救助、重兴华文、为移民提供诊治及身后事服务。从情感需求层面上看，东南亚的妈祖庙具有给予华侨华人心灵抚慰与精神寄托的作用；在教育方面，东南亚的不少妈祖庙不仅是“会同议事之所”，更是“教义重礼之地”，承担着传承中华传统文化和教化子民的功能，为华人子女的启蒙教育、为提高华人文化素质、传播和弘扬中华传统文化做出了巨大贡献。东南亚妈祖信众还积极参与支持慈善事业，以弘扬妈祖大爱精神，是凝聚华人群体、联结华人情感的重要纽带。东南亚妈祖信仰不仅是本地华人所秉承的精神信仰，也成为当地著名的文化遗产，展示出华人心向祖国的群体凝聚力和超越时空、跨越民族的信仰的文化力量，成为海上丝绸之路上的重要的文化能量。

“有海水的地方就有华人，有华人的地方就有妈祖。”开普敦是南非共和国的首都，位于非洲大陆的最南端，是被大西洋和印度洋环抱的天涯海角，南半球的“海角之城”，是世界著名的旅游度假胜地，开普敦港是我国远洋渔船重要的补给基地之一，自2000年开始，每年有800多艘次的两岸的渔船进出，侨居开普敦的两岸侨胞有几万人之多，为祈求平安，他们集资兴建了开普敦朝天宫，每年都会举办盛况空前的绕境祈福巡游活动，以满足人们对平安、向善、博爱的祈愿。

位于非洲东部沿海的莫桑比克，曾经是中国古代“丝绸之路”的最南端，也曾是中国与西方、非洲进行海上贸易的重要停靠港口。随着“一带一路”国际合作的深入开展，妈祖文化的影响也日益扩大。莫桑比克共和国贝拉市华人商会一行，到湄洲岛恭请妈祖分灵莫桑比克共和国贝拉市华人商会会馆。这一举动填补了当地华人对妈祖的信仰空白，增强了华人之间的相互交流，也进一步扩大了妈祖文化在全球的影响力。

妈祖信仰传入日本的时间是14世纪的明洪武年间（1368—1398）。日本长崎市内有三大唐寺——南京寺、漳州寺和福州寺。日本长崎的妈祖庙，最大特点是均由商人“商会”共建，后来把它扩建为佛祖和妈祖合祀的寺庙，把妈祖奉祀在寺庙中，对日本的民俗起着深远的影响。后来日本商船上也安放了妈祖神龛，作为海上航行的护船神。

妈祖信仰形成了一个跨国界的华侨社区网络体系，也形成了海外华人华侨庞大的精神信仰体系。

妈祖文化与客家文化之关系

◎客　风

一、从妈祖信仰说起

妈祖信仰是一种文化现象。妈祖，原不是神。据《天妃显圣录》《敕封天后志》载：姓林，名默，也叫默娘，宋建隆元年（960）三月二十三日生于福建莆田湄洲湾的一个渔家，宋太宗雍熙四年（987）农历九月初九去世。妈祖，被视为见义勇为、无私奉献的榜样而千古传颂。“传闻利泽至今在，千里桅墙一信风。”——这是宋代黄公度的诗句；“巨浸虽稽天，旗盖俨中流。”——这是宋代刘克庄的诗句；“桅樯出火海浪破，神鬼役使忘险艰。”——这是元代洪希文的诗句；“洪涛巨浪贴不惊，凌空若履平地行。”——这是明成祖朱棣的诗句。这些脍炙人口的诗句无疑是妈祖奉献精神的写照。

诚然，关于妈祖并没有什么经典著作，历史留下的只有一大堆神话传说。但神话既是科学蒙昧时人类思想的反映，也是人们在同自然和命运搏斗中所产生的愿望和美好理想的反映，它植根于广大民众之中。从某种程度上说，神话也是一种历史文化，世界上任何一个民族都有神话。而妈祖神话，作为中国的“土特产”，自然也是华夏文化的组成部分。

妈祖，同神州版图的许许多多地名关联在一起，传说香港的香炉峰就是因妈祖庙而得名。澳门之所以被西方人称为“妈阁”（MACAU），就是由于葡萄牙人初登岸时见到妈祖庙殿阁，即以之为名。澎湖列岛则由于“屿中曰娘宫屿，其状如湖，因曰澎湖”，其首府马公市也是由“妈宫”谐音而来。总之，从我国东北的丹东至南海群岛，许多地名都与“妈祖”有关，以天妃宫或天后宫为乡、村、寮、街、巷、澳、路命名的则更是不能悉计。

妈祖，在中国对外交流上享有特殊的美誉。

妈祖，在中国人民反对外来侵略的斗争中，留下了许多光辉的纪录。

妈祖，对推动中国近代商品经济发展起着重要的作用。各地天后宫保存的清代以来的碑刻，记载着很多有关海运贸易和商港开发的珍贵资料。

妈祖，这一名字凝聚着千千万万海内外炎黄子孙爱国爱乡、虔诚向善的心愿。瞻拜妈祖，已成为许多华裔、华侨和台湾同胞寻根谒祖的美好寄托，因此才有了今天的“妈祖热”。

妈祖文化包括宗教、民俗、文学、艺术、建筑、服饰等，可以从各个领域去探索、研究。

二、妈祖文化与客家文化

客家人是中原汉族一个系统分明的支派。

客家民系有着极为鲜明的特色，不仅继承了中原汉族许多优秀传统品质，还最具开放性、善于吸收其他民族的优秀文化。客家先民来到闽粤边区同当地居民杂居在一起，一方面与当地人友好相处，吸收当地文化和外来文化、海洋文化，一方面又顽强地保持着中原汉族的传统文化。

客家人聚居的地方位于绵延千里的大山区，生活条件极为恶劣，交通极为闭塞，因而受外界的冲击和影响较小。千百年来，他们虽然也随着整个社会的发展而不断地前进，但在客家人的这个文化圈内却始终保留着一些古代的文化特征，诸如信仰习俗等。南宋理宗绍定年间，著名法医学家宋慈任长汀县令，为缩短运盐路程，疏通汀潮经贸往来，打通了汀江韩江间的商业航道，接受了沿海一带崇祀盛行的妈祖信仰，从此妈祖信仰就融入了汀州人民俗信仰的大潮，妈祖成为民间十分崇敬和信仰的“妈祖女哩”。(“哩”即母亲，是把妈祖喻为母亲以上的祖辈之意)。“妈祖”是百姓对这位海上女神的俗称，“天后”则是清朝康熙皇帝所赐的封号。在客家地区，妈祖信仰同福建沿海、广东潮汕地区一样普遍。可以说，几乎每个县都有妈祖庙（宫），光长汀城区就有六座。此外，庵杰（龙门）、古城、策武、馆前、水口、濯田、铁长、羊牯等乡镇，也在汀江或其他河边建有妈祖庙（天后宫），尽管规模不一，但建筑风格却大同小异。妈祖信仰还遍及城乡，这是一个不容忽视的客家民俗文化现象。妈祖信仰和妈祖庙宇，对于了解客家人外传、海交、商贸、民间信仰、居民迁徙、会馆组织等都具有重要意义。可以说，妈祖文化是客家大文化圈的一个有机组成部分，应从更广的角度去认识、理解、探究，多视角、全方位、深层次地发掘。

三、汀江与妈祖

汀州天后宫，是汀州人为纪念聪慧、善良的海上女神林默娘而建的庙宇，它寄托着汀州人美好的愿望和追求。后人在妈祖的祖籍地湄洲岛建祠奉祀，这是最早的妈祖庙。妈祖原是地方上的民间神，为什么会成为远近闻名的海上女神？总的来说应与航海事业的不断发展有密切关系。当然这也与科学不发达，人们需要有精神寄托以及历朝皇帝不断给妈祖加封有关。

“客家母亲河”——汀江，是福建省四大水系之一，也是唯一通往外省的内河航道。汀江发源于宁化治平赖家山将军坳，流入长汀境内大屋背、赤坳背、上廖、上赤、庵杰，穿过龙门，流经新桥、大同、汀州镇、策武、河田、水口，左纳南山河，右纳濯田河，再纳武平县桃兰河，经武平县的店下，再经羊牯的回龙，直通上杭，由永定县峰市入广东，在三河坝与梅江汇合，称为韩江，主流在澄海县入海，全长328公里，其中福建境内285.5公里，长汀境内153.7公里。“汀江自古以来便有舟楫之利”，一度号称“上河三千，下河八百”。到了宋代，汀州已建成相当繁荣的城市。

古时候，汀州没有公路，交通极为不便。汀州各县市和外界经贸往来的通道主要是靠汀江航运。在汀江沿岸居住的客家先民，生产生活都和汀江有着密切的关系，妈祖信仰和汀江航运更是有着直接的联系。据有关史料记载，南宋理宗绍定年间，著名法医学家宋慈出任长汀县令，打通了汀江、韩江间的商业航道，使汀州与广东潮汕地区的经济、文化联系大大加强。但汀江河道曲折，水流湍急，有险滩27处。正所谓“三百滩头风浪恶”，州县吏和商贩们在潮州听说了妈祖作为海上航运保护神有祷必应的传说，很自然地接受了妈祖信仰，并按潮州“三圣妃宫”的样式在长汀自建“三圣妃宫”以求得妈祖庇护。

四、研究妈祖要有正确的导向

当今，科学技术快速发展，人们的思想文化素质大幅度提高，能够以科学的眼光去看待许多自然现象。现在，人们对妈祖的信仰已远远超出了消灾祈福目的，寻根问祖、眷恋祖国的民族情感成为妈祖信仰的主要原因。身处异国他乡的客家后裔，把妈祖视作祖国母亲，他们渴望祖国繁荣、母亲富强，能成为他们坚强的后盾。他们赋予了妈祖信仰深刻的民族向心力和民族认同感。他们把妈祖信仰视作一种具象化的民族情怀寄托，互助互慰，患难与共。天后宫（庙）是他们朝拜、谢神、集会的地方，是他们不忘祖根、思念家乡的寄托，也是维系海外侨胞、客属乡亲的感情纽带。所以，妈祖信仰是一种传承千年的民俗，一种文化积淀，一种民族血脉。对妈祖信仰，应予以正确引导，去除迷信成分，引人向善。提倡妈祖信仰中同舟共济、救死扶伤、见义勇为、助人为乐、忘我无私、仁爱慈善、团结互助、思念祖国、忠于祖国的精神。我们可以利用妈祖这架璀璨的“桥梁”，加强同海外侨胞的联系，增强民族凝聚力。我们还可以通过海内外妈祖文化的交流，加强国际经济文化交往，促进客家山区经济文化的发展。

（摘自：中国期刊网）

妈祖文化与海上丝绸之路①

——写在妈祖诞辰 1060 周年之际

◎俞宗建

2020 年 4 月 15 日，农历三月廿三日，是妈祖诞辰 1060 周年纪念日。海内外敬仰者用各种方式纪念这位了不起的“东方女神——妈祖”，宣扬妈祖“立德、行善、大爱”的品质和精神。

千百年来，妈祖一直是海内外善男信女心目中的“海上保护神”，其祖庙在福建莆田湄洲。如今，每年到祖庙朝拜的敬仰者超过五百万人次。自宋代以来，妈祖信众不断增多，并逐渐形成了独特的“妈祖文化”。

妈祖文化，起源于人们对北宋一位女性的纪念。据史书记载，妈祖原名林默，生于宋建隆元年（960）农历三月廿三日。妈祖因救助海难，逝于宋雍熙四年（987）农历九月初九。人们敬仰妈祖“行善、积德、大爱”的精神，便在福建莆田湄洲岛上建祠立庙纪念她，并在妈祖的诞生日、升天日举行祭典活动。湄洲妈祖祭典与黄帝祭典和孔子祭典，并称“中国三大祭典”。

宋元明清四代先后给予妈祖三十六次褒封，封号由“夫人”“天妃”直

---

① 节选自俞宗建先生的《妈祖文化与妈祖绘画》，本篇篇名为编者所加。

到“天后”“天上圣母”。历代帝王还频频颁布谕祭，清代雍正皇帝甚至下诏将“妈祖祭典”定为国家最高祀典。因为朝廷积极倡导和颂扬妈祖“立德、行善、大爱”的精神，人们对妈祖的纪念也由民间上升到官方，并最终演化成为一种独特的文化形态。这种独特的文化形态，学界名曰“妈祖文化”，是基于妈祖一生慈悲善良、济世救难的感人事迹而逐渐形成的，以颂扬妈祖的“立德、行善、大爱”精神为核心，以有关妈祖的典籍文献、民间传说、巡安庙会为传播途径，是颇具海洋文化特色的一种民俗文化。

2009年，“妈祖信俗”被联合国教科文组织列入《人类非物质文化遗产代表作名录》。妈祖信俗申报“非遗”成功，标志着妈祖文化已从妈祖故乡、海峡两岸、海外华侨华人聚居地走向了世界，成为全人类共同的文化遗产。

在“一带一路”倡议下，妈祖文化被赋予了新的时代内涵，也是向世界展示中华优秀传统文化的表现形式。妈祖文化是“一带一路”沿线国家和地区民心相通的载体，是21世纪海上丝绸之路的文化交流纽带，是21世纪海上丝绸之路沿线国家共同的精神财富。因此，妈祖文化在“一带一路”中的独特价值应进一步得到彰显。

大爱妈祖

——妈祖信仰在美洲

◎肖　笑

位于西半球的美洲，地处太平洋和大西洋之间，由北美和南美两块大陆及众多岛屿组成，共分布着23个国家，巴拿马运河被视为南北美洲的分界线。在政治地缘上，北美洲仅指加拿大、美国、格陵兰岛、圣皮埃尔和密克隆岛以及百慕大群岛。中美洲、南美洲、墨西哥和西印度群岛则统称为拉丁美洲。

妈祖信仰传入美洲，可追溯至19世纪中期美国西部掀起的淘金热潮。当时汽船已取代木帆船进行远航。鸦片战争后，外国资本主义逐渐深入中国内地；洋务运动的兴起引进了西方先进的生产技术，这客观上刺激了中国民族资本主义的产生和发展。清政府也解除了中国人移民海外的限制，因此，当加利福尼亚发现金矿的消息传来时，有着对外商贸传统、丰富航海经验以及极大冒险热忱的中国东南沿海港口城市的人们，尤其是广东地区的淘金者，成为第一批美洲华人移民，妈祖的香火由此抵达新大陆。1852年，旧金山天后宫由广东三邑（南海、番禺、顺德）会馆创建，并很快成为当地最负盛名的华人庙宇，连其所在的威弗莱街也被“天后庙街”（Tienhau Miu Gai）的名称取代。1906年旧金山大地震后，该庙只余一口同治十三年

(1874) 广东制造的铁钟，这口钟现在珍藏于重建后的旧金山天后宫，与众多神尊一起承沐香火。

根据《中国移民》的统计数字，1852 年至 1860 年间，美国西海岸华人数量增至 46879 人，并呈迅速膨胀态势。这直接促成旧金山唐人街成为美国历史最悠久、最庞大的华人聚集区。在 1885 年印制的地图上，“中国城”就已覆盖了 12 个街区。大量华人涌入美洲，使更多各具地域特色的妈祖庙应运而生，如 1986 年创建的旧金山朝圣宫（San Francisco Chao Sheng Kuag），就分灵自香火鼎盛的台湾北港朝天宫。它由台湾地区移民团体兴建，创办人高可达任董事长，该庙有相应的妈祖会员会和董事会，并严格恪守北港各种奉祀妈祖的古老传统和仪轨。1992 年，朝圣宫在洛杉矶设立了日落区分庙，并首次把极具台湾乡土韵味的妈祖“绕境”与旧金山著名的中国新年大巡游结合在一起，令广大华侨和美国民众耳目一新。这一活动沿袭至今已举办多年，是中美文化交流的一道亮丽风景。

由越南华裔社团建立的天后宫，仅洛杉矶就有两座，一座位于林肯高地，另一座就是中国城的“罗省华埠天后宫”，它由“美国金瓯同乡联谊会”1980 年购买的天主教教堂改建而成，其占地约 557 平方米，前后耗资 200 多万美元，建筑风格华美辉煌，于 2005 年 9 月落成。越南华裔在美国东海岸地区修建的众多妈祖宫庙，也有很大影响力，2015 年 5 月，华盛顿“大华府天后宫”（俗称“阿婆庙”）与华人互助中心，在弗吉尼亚州举行庆祝天后妈祖宝诞 1055 年，汇聚了海峡两岸和当地的各界侨领。费城的华裔老人相济会及 200 多位费城进香团团员专程前来参加。

同月，美国纽约法拉盛 41 大道 132—15 号举行妈祖大厦落成暨观音菩萨、妈祖像开光盛典。主祀的妈祖神像分灵自湄洲妈祖祖庙，祖庙董事长林金榜一行专程护驾妈祖神尊赴美。许多信众不辞辛劳、远道而来参加仪式，有的信众见到妈祖像时甚至激动得落了泪。筹建该大厦的美国妈祖基金会成立于 2014 年。2016 年，美国妈祖基金会首次以妈祖分灵銮轿出巡的传统模式结合美国当代文化，举办以“祈求世界和平、风调雨顺”为主题的巡安祈福活动，传播妈祖无国界的博爱精神。

此外，夏威夷的檀香山、关岛等地也都建有妈祖庙。近十年来，美洲各国华人华侨不断创建修葺妈祖宫庙，妈祖文化经由当地华人华侨的广泛传播，逐渐深入当地。2006年，加拿大卑诗省坎伯兰市市长贝茨·弗雷德随加拿大经贸代表团到福建参加投洽会时，专程前往湄洲岛恭请妈祖分灵坎伯兰。两个月后，贝茨·弗雷德市长应莆田市的邀请，前来参加“第八届中国·湄洲妈祖文化旅游节”，并代表坎伯兰市与莆田市签订了缔结友好城市意向书，进一步促进两地文化交流，开展各领域的友好合作。

华人移民加拿大源于19世纪中期哥伦比亚弗雷塞地发现金矿，妈祖被远渡重洋的广大华裔航海者视为精神信仰和故土的象征。历史上加拿大最早的妈祖庙是维多利亚中华会馆，于1884年（清光绪十年）建立。如今，华人移民已占加拿大总人口的10%—15%，中文成为加拿大第三大语种。妈祖信仰凝聚着当地华人的心，其庙宇也承载了华人的家国意识和文化使命。2016年9月，多伦多莆仙商会一行赴湄洲恭请妈祖神像分灵“中华天后宫”，同年底“加拿大中华妈祖文化交流协会”在多伦多注册成立。妈祖信仰已成为跨越国籍、跨地区的民间信俗，是联结世界各地华人的情感纽带。妈祖在历史和现实中所凸显的众多优秀品质，已成为海外许多华侨华人的共识，也正为越来越多的国际友人所认同。

在拉美地区唯一把春节作为法定假期的国家苏里南，华人约占其总人口的10%，其中福建莆田籍华人就有七八千人。2016年12月，苏里南福建商会迎请湄洲妈祖分灵苏里南，商会正着手筹建妈祖文化旅游园区。在南美洲的墨西哥、阿根廷，还有巴西圣保罗市，也有广大的妈祖信众和妈祖奉祀场所。

妈祖文化多元包容的外向型特征及其“立德、行善、大爱”的精神，伴随着华人华侨经略海洋、开拓海疆，并在广袤的美洲大陆落地生根，与当地文化融合并催生出新的文化景观。

妈祖文化在美国的影响

◎小　草

在美国大华府地区（含华盛顿特区、马里兰州和弗吉尼亚州北部）有许多信奉妈祖的华裔。他们供奉妈祖神像，筹建天后宫，经常开展活动，祈愿妈祖保佑侨胞平安幸福。

这里的妈祖神像是由信众邓杜瑞群斥资，并由多位信众帮忙，特地从莆田祖庙请来的。神龛里安坐着披锦戴金、美丽端庄的海上守护神妈祖，神龛上方题着“天后圣母”的横额，两旁有“天恩广被护侨众，后德遍施保世民”的金字对联。对联上方挂着两盏红色锦花六角宫灯。供桌上三只金色香炉，香烟缭绕，满桌都是一盘盘堆积若金字塔的果品，一束束鲜花杂处其间。桌右有一只红漆的“功德无量”香油箱，供善男信女自由奉献。1996 年 1 月 28 日，“天后圣母金身安座开光”仪式在维州中学礼堂举行，共有华裔侨胞 300 多人参加了此次盛会。他们在妈祖神像面前致以虔诚的祝福!

每逢妈祖诞辰、忌日、春节、中秋和其他华人传统节日，他们都举办各种活动，广结善缘，服务侨胞。大华府天后宫有专人负责，除每星期二休息外，每日上午 10 时至下午 7 时均开放让信众膜拜。一年中，妈祖诞辰是个大节日，农历每月初一、十五则为小节日。在大节日活动时，信众及观礼庆祝的人们扶老携幼来参加，常有千余人；小节日活动则在神座后面的餐厅举行，人数少，并以素食结缘。这些素食是信众们出钱出力购买原料并烹制的。1996 年 4 月 28 日，在维州乔治马苏高中大礼堂隆重庆祝天后圣母 1036 年宝诞（正诞日期为 1996 年 5 月 10 日），有千余位乡亲善信参与盛会，场面异常热闹。庆典在锣鼓喧腾、瑞狮献舞中开始，致辞后，表演舞蹈、戏剧等庆典节目。台中央安座妈祖圣像，前面摆放许多善信敬献天后圣母的金猪、素果、福餐。当地华文报纸《华盛顿新闻》于 5 月 3 日以专版刊出《庆祝天后圣母宝诞图辑》，十分引人注目。妈祖信众大多来自华盛顿地区，他们大部分都有固定工作。活动期间，主要依靠信众和义工们通力合作。义工们或奉献自制素餐和糕点，或捐献善款，或用自己的车子接送信众，他们在与人为善的信念下乐此不疲。1996 年 4 月 28 日这一天，宾州的华裔、侨胞也组织了 150 多人的“费城进香团”前来庆贺妈祖宝诞。大华府天后宫属于全体华人，只要信奉妈祖天后，都欢迎前来参加活动，这里举办的活动已成为当地华裔、侨胞聚会人数最多的活动之一。

（摘自：莆田文化网）

附录

附录1

天上圣母经（节选）①

◎林春源

忆宋代，建隆时；兴国兆，可先知。现麟瑞，生孔子；产圣母，宝光辉。

追古代，想今兹；文圣人，有孔子。武圣人，有关羽；女圣人，默娘儿。

林家女，贤良居；父母善，祖先慈。积善家，庆有余；生圣母，出凡姿。

生弥月，不闻啼；名默娘，众称奇。纺读书，万事知；能作文，临赋诗。

老道士，到林府；十三岁，授玄微。十五岁，常赴湄；勤修炼，拜恩师。

十六岁，古井窥；得铜符，可演示。能治病，可消灾；常出海，救船只。

曾出嫁，失良机；不进房，话传奇。孝父母，守伦规；传圣道，遇真师。

受真诀，启灵机；三教书，共一理。上论篇，一贯之；华严经，守三昧。

《道德经》，藏妙义；悟真篇，参同契。黄庭经，为凭据；如来藏，极乐地。

回斗柄，转生机；玄关窍，当宝贝。无缝塔，收神气；偃月炉，真火炊。

朱砂鼎，烹灵芝；存心法，穷性理。尽性后，立命基；三宝足，一气归。

四大假，还太虚；六四卦，结灵体。得悟法，上天梯；出阳神，亦颇奇。

救世法，出乡里；海陆难，我扶持。能驱蛟，能唤雨；常救急，常扶危。

---

① 张开龙主编：《闽西妈祖文化》，九州出版社，2013。

降魔法，振神威；收二将，在北西。二将军，名是谁？千里眼，顺风耳。
辅圣母，多救济；民同胞，物同与。湄港鱼，禁网围；恩泽大，物皆知。
祝寿诞，物知礼；鱼聚会，参拜仪。功满足，行成期；通贤女，人称奇。
廿八岁，丹熟时；纯阳体，法身飞。登湄峰，到瑶池；金童迎，玉女随。
见王母，蟠桃会；登金阙，拜丹墀。玉帝封，天后位；人爵荣，天爵贵。
至宣和，赐厚惠；立庙宇，号顺济。人钦仰，恭奉祀；至清帝，有康熙。
琅东征，舰近湄；遇暴风，舰队危。琅祈祷，我扶持；台事毕，凯旋归。
琅奏上，帝欢喜；御笔写，作敕语。称忠孝，称仁慈；封天后，在此时。
至道光，又普济；封圣母，赐金玺。想光阴，似走驹；劝妇女，并男儿。
欲学我，勿延迟；肯回头，到岸堤。圣母经，劝读之；口而诵，心而维。
始终一，志莫移；信仙佛，任君为。圣母经，最灵威；救众上，发慈悲。
天地人，是一体；求平安，同诵之。净士寺，大禅师；遗此经，传万纪。

注：道光十九年（1839），妈祖封为“天上圣母”，并御赐方形铜质宝玺一枚，宝玺边长10厘米，方纽高3厘米，正中上方圆球镌“敕封”二篆字。印面刻四行篆文：“湄洲祖庙，天上圣母，护国庇民，灵宝符笈。”此宝玺至今仍是湄洲祖庙的镇庙之宝。

附录 2

海内外妈祖庙楹联选粹

◎小　默

经过了一千多年的传播，妈祖信仰随着华人的足迹，从湄洲逐渐走向世界，真可谓“海水到处有华人，华人到处有妈祖”。

据不完全统计，目前全世界妈祖庙宇有上万座，当中的对联浩如烟海。这些对联既继承了中华民族的楹联和书法艺术，又表达了海内外华人对妈祖的敬仰和崇拜。

来到湄洲祖庙，登上“圣旨门”，可看到台湾大甲镇澜宫董事会题的一副楹联：

商旅平安闽台和衷共济；
春秋报赛群众朝圣联欢。

正面楣额是：“恩波似海”四个金色大字。

在圣旨门背面，左右门框上也刻着一联：

历代褒封崇懿德；

寰球利涉赖慈航。

门上楣额是：“德泽如春”四个金色大字。

正殿（俗称“太子殿”）门前圆石柱上刻着一副楹联：

寰中慈母女中圣；

海上福星天上神。

门额上的金匾上书：“泽施四海”。

在“天后宫”（祖庙后殿）门前圆石柱上刻着一副读起来令人颇费心思的楹联：

齐齐齐，齐齐齐，齐齐齐齐戒；

朝朝朝，朝朝朝，朝朝朝朝音。

上联十字“齐”，下联十字“朝”，相同的字是多音多义字。下面加点的“齐”和“朝”，可分别读为“斋”（“齐”古通“斋”）和“潮”，隐衬“斋戒”和“潮音”的意思。此联与山海关“姜女庙”的“海水朝，朝朝朝，朝朝朝落；浮云长，长长长，长长长消”异曲同工，但刻在此庙还是贴切的。海神妈祖受四海信众膜拜，“湄屿潮音”驰名中外。来到后殿，抬头看到这副长联，引人入胜，发人深思。在后殿走廊两边贴墙的石柱上，也刻着一副对联：

四海恩波颂莆海；

五洲香火祖湄洲。

湄洲是妈祖信仰和妈祖文化的发祥地，又是第一个建立妈祖庙的地方。此联道出了莆田湄洲妈祖祖庙是全世界所有妈祖庙的“祖庙”。

在祖庙石柱上原有一联：

后德神功，颂遍天涯，一航普济；
地灵人杰，歌传水调，八音克谐。

这副楹联是妈祖晋封为“天后”时篆刻的。“地灵”句系指莆田二十四景之一的“湄屿潮音”；“水调”是曲名；“八音”是指各种乐器的声音。此联对仗工整，音调和谐，堪称佳对。

在祖庙的山门上，原也刻着一联：

钧天钟磬张廷陛，
寰海鱼龙拜冕旒。

“钧天钟磬”，在古代是指与人间乐曲不同的“钧天广乐”，借喻动人心魄的潮音。“廷陛”是指朝廷。“寰海”是环绕地球的海。“冕旒”是海神天后戴的礼冠，这里借代妈祖。此联语意深刻，结构严谨，对仗工稳，他处不能移用。

清世宗雍正皇帝御书“神昭海表”匾额，分别赐给湄洲祖庙和厦门、台湾安平两处行宫。

清高宗乾隆皇帝御赐“德孚广济”匾额和楹联一副，其联云：

忠信涉波涛，周历玉洲瑶岛；
神明昭日月，指挥水伯天吴。

此联位于湄洲祖庙天后大殿。

这幅楹联是由闽浙总督觉罗·伍拉纳于乾隆五十四年（1788）奉旨负责制作，然后亲自渡海到湄洲祖庙张挂的，并举行了“拈香行礼”仪式。

“忠信涉波涛”典出《列子·说符》，讲的是孔子与弟子自卫返鲁，途径一条河，水流湍急人不能过。此时见对岸有个人，心无杂念，只凭“忠信”，就能涉水过江，受到启迪。

“玉洲、瑶岛”，都是传说中仙人居住的地方。“水伯、天吴”语出《山海经》：“朝阳之谷，神曰天吴，是为水伯。”后人把“天吴”当作海神，“水伯”是指其“职衔”。水伯天吴，这里泛指水域之神。此联出自帝王之手，引经据典，真是不凡。

在湄洲祖庙，还移刻梁启超先生1900年为台湾妈祖庙题撰的一副楹联：

向四海显神通，千秋不朽；

历数朝受封典，万古流芳。

此联同见于山海关附近的天后宫。

清光绪二十六年（1900），孙中山先生在台湾策划“惠州起义”。有一天，他与梁启超去拜谒天后宫妈祖，梁先生当场撰写了这副对联。此联气魄宏大，自然流畅，不愧为大家手笔。

世界上最短、最长的妈祖庙对联

在国内，有位名叫徐玉福的先生，他不辞辛苦，花多年时间共收集到了10个国家和地区300多座妈祖庙宇的对联1000多副，编成了被海内外公认的第一部妈祖庙宇对联专集——《妈祖庙宇对联》。

在《对联》中，“天妃宫，地安门”，是目前发现最短的有关妈祖的对联。

最长妈祖庙对联是在安徽省宿松县天妃殿，其庙俗称“小姑庙”，在其县套口乡孤山村长江中的小孤山腰，原名启秀寺，始建于唐，本为禅宗名僧妈祖道一道场。北宋时重建，改名“惠济寺”，始祀天后，其全联如下：

湄山瑞气孕仙姑，生而异，异拥天香；幻而意，意精文义；素而静，静诵诸经；更有轶事堪奇，窥井得符，迭显神通手段，踏机救父，航海寻兄，掷草幻成大杉，种菜鞠为佳卉，击浪驱晏公之虐，法雨消旱魃之灾，焚一撮发，鬼收高里，剪九节蒲，吏活琴堂，历廿八岁积功积德，忽嫉俗，忽归真，趁重阳托登岛屿飞升，丝竹管弦，隐隐听传空际盛；

林氏幽光发圣母，诞于宋，宋当艺祖；道于师，师名玄老；本是观音再降，腾云化羽，仍存慈济心肠，起碇行舟，立竿安艇，凭木欲绥沧溟，湿衣助克澎湖，鼓涛阻流冠之渲，涌泉解征人之渴，扬几幅旆，怒息波臣，增六尺涨，乱平台匪，绵四五朝护国护民，或现身，或示梦，宜先世共荷彤墀封建，金泥玉简，绳绳颁自日边来。

全联共有256字，其联作者黎月樵，字问夫，生卒年不详，安徽宿松县下仓埠(今长湖乡)人，清末民初塾师。

这副对联是目前发现的关于妈祖的最长对联。本联叙述妈祖种种神奇传闻，娓娓道来，如数家珍，结体娴整，运笔简捷，叙事宛典得位，堪称佳构，亦可作为妈祖生平一部简史来阅读，该联多次应用“顶针”笔法，更增趣味。

各地天后宫现代楹联辑录：

坤灵肇湄屿千秋载德殿光北极；
神迹遍天涯万众承恩佾舞南风。

化草救商灵女神功敷海甸；
收妖伏怪仙班水阙奏潮音。

挈父衔兄闭睫伏机真孝悌；
助师靖国给泉荡寇亦慈悲。

扶危救困青山秀水钟灵气；
济世护航碧血丹心铸海魂。

上善齐天端肃容仪同景仰；
林园毓圣神奇事迹共追寻。

凌阙垂裳忠臣义士归麾下；
登云拂麈山魅水妖入彀中。

巷陌酒旗风略见渔村古貌；
祈坛壬子雨当惊妈祖神机。

妈祖湄洲出；
娲皇坎德绵。

行在祥和天下巡安居第一；
宫仪肃穆春秋谕祭占先机。

附录3

历代褒封一览表

◎蒋维锬

朝代	年代	封号	褒封事由	主要史料依据
宋代	绍兴二十六年（1156）	灵惠夫人	郊典	《宋会要》
	绍兴三十年（1160）	灵惠昭应夫人	迷雾歼海寇	丁伯桂《庙记》
	乾道三年（1167）	灵惠昭应崇福夫人	圣泉救疫	《宋会要》 丁伯桂《庙记》
	淳熙十一年（1184）	灵惠昭应崇福善利夫人	助捕温台寇	《宋会要》 丁伯桂《庙记》
	绍熙元年（1190）	灵惠妃	救旱灾	楼钥《攻媿集》
	庆元四年（1198）	灵惠助顺妃	救涝灾、平大奚民暴	丁伯桂《庙记》
	嘉定元年（1208）	灵惠助顺显卫妃	淮甸抗金	丁伯桂《庙记》
	嘉定十年（1217）	灵惠助顺显卫英烈妃	救旱、平海寇	丁伯桂《庙记》
	嘉熙三年（1239）	灵惠助顺嘉应妃	钱塘遏潮助堤	咸淳《临安志》
	宝祐二年（1254）	灵惠助顺嘉应英烈协正妃	救旱、赈兴泉饥	程端学《庙记》
	宝祐三年（1255）	灵惠助顺嘉应慈济妃	未载具体事由	程端学《庙记》

续表

朝代	年代	封号	褒封事由	主要史料依据
宋代	宝祐四年（1256）	灵惠嘉应协正善庆妃	钱塘堤成	刘克庄《枫亭庙记》
	景定三年（1262）	灵惠显济嘉应善庆妃	胶舟捕海寇	程端学《庙记》
元代	至元十八（1281）	护国明著天妃	庇护漕运	宋渤《庙记》
	大德三年（1299）	护国庇民明著天妃	庇护漕运	程端学《庙记》
	延祐元年（1314）	护国庇民广济明著天妃	庇护漕运	延祐《四明志》
	天历二年（1329）	护国庇民广济福惠明著天妃	庇护漕运	洪希文《天妃诞辰笺》
	至正十四年（1354）	护国辅圣庇民广济福惠明著天妃	庇护漕运	《元史·顺帝纪》
明代	洪武五年（1372）	昭孝纯正孚济感应圣妃	助海运	《显圣录》兼参成祖诏等
	永乐七年（1409）	护国庇民妙灵昭应弘仁普济天妃	事由不详	明《太宗实录》
清代	康熙十九年（1680）	护国庇民妙灵昭应弘仁普济天妃	庇万正色克厦门	汪楫《使琉球杂录》《天妃显圣录》
	康熙二十二年（1683）	晋封天后	助施琅平台	禅济布等《奏折》
	乾隆二年（1737）	护国庇民妙灵昭应弘仁普济福佑群生天后	庇督饷台湾	清宫档案及周煌《使录》
	乾隆二十二年（1757）	加“诚感咸孚”	庇海守望	清宫档案及《琉球国志略》
	乾隆五十三年（1788）	加“显神赞顺”	平台湾林爽文之暴动	清宫档案
	嘉庆五年（1800）	加“垂慈笃祜”	赵文楷使琉球	清宫档案
	道光六年（1826）	加“安澜利运”	江苏巡抚奏庇漕安抵	清宫档案
	道光十九年（1839）	加“泽覃海宇”	林鸿年使琉球还	清宫档案

续表

朝代	年代	封号	褒封事由	主要史料依据
清代	道光二十八年（1848）	加“恬波宣惠”	江苏巡抚奏庇漕运	清宫档案
	咸丰二年（1852）	加“导流衍庆”	江苏巡抚奏庇漕运	清宫档案
	咸丰三年（1853）	加“靖洋锡祉”	福建巡抚奏庇海运	清宫档案
	咸丰五年（1855）	加“恩周德溥”	热河都统奏庇击退盗艇	清宫档案
	咸丰五年（1855）	加“卫漕保泰”	漕运总督奏庇漕运	清宫档案
	咸丰七年（1857）	加“振武绥疆”	事由不详	光绪续修《大清会典》
	同治十一年（1872）	加“嘉祐”	以护漕有功	光绪《大清会典》及《上海县续志》
	光绪元年（1875）	加“敷仁”	以台湾防务神灵显应	《清德宗实录》

附录 4

武平县妈祖庙宇分布表

◎饶正英

序号	庙名	地址	始建年代	创建人	供奉	备注
1	“平桥翠柳”妈祖庙	平川镇红东村	明	信士合建	妈祖	1999 年重建
2	古山五谷庙	平川镇七坊村	1931 年	某信士修建	妈祖	内设妈祖殿
3	白马公皇庙（神树岗）	城厢镇东云村	清	村民合建	妈祖	
4	灵通天后宫（佛子高）	城厢镇灵通村	清	村民合建	妈祖	1993 年重建
5	下东天后宫（下廖屋）	城厢镇下东村	明	廖姓修建	妈祖	
6	太福山庙	城厢镇文溪村	1936 年	村民合建	天上圣母	
7	尧禄妈祖庙（村水口）	城厢镇尧禄村	清	村民合建	妈祖	2018 年重建
8	樟树夹妈祖庙	万安镇贤溪村	清	村民合建	妈祖	

续表

序号	庙名	地址	始建年代	创建人	供奉	备注
9	新桥下妈祖庙	万安镇小密村	清	村民合建	妈祖	1996年重建
10	夫人庙	万安镇上镇村	明清时期	外出经商者回乡所建	妈祖	供奉三位夫人，其中一位姓林，莆田人
11	金山堂妈祖庙	万安镇贤溪村	明	李姓修建	妈祖	1997年重修
12	石壁下妈祖庙	万安镇上镇村	1923年	信士合建	妈祖	
13	天后宫	东留镇苏湖村	不详	信士合建	妈祖	
14	南坑尾佛灵仙	东留镇背寨村	明末	村民合建	天上圣母	1979年重修
15	寨子下天后宫	东留镇封侯村	清	众乡贤合建	天上圣母	
16	南洞紫金山寺	东留镇南坊村	不详	众村民合建	天上圣母	
17	通林寺妈祖殿	东留镇新联村	明	众乡贤合建	天上圣母	
18	天后宫	东留镇桂坑村	明	众乡贤合建	桂林山妈祖	1978年重建
19	天后宫	东留镇桂坑村	1980年	众乡贤合建	狮岩山妈祖	
20	下宫妈祖庙	岩前镇大布村	不详	众村民合建	妈祖	1995年重建
21	仙人宫	岩前镇将军村	不详	众村民合建	天上圣母	

续表

序号	庙名	地址	始建年代	创建人	供奉	备注
22	天后宫	岩前镇灵岩村	明	众乡贤合建	妈祖	1995年重建
23	太平天后宫	中山镇太平村	明	众姓合建	天上圣母	
24	曾家段龙济岩	中山镇阳民村	明	村民合建	天上圣母	
25	曾家段坦石庵	中山镇阳民村	不详	村民合建	妈祖娘娘	
26	大河背妈祖庙	中山镇城中村	清	不详	天上圣母	
27	中山桥头天后宫	中山镇中山村	清	信众合建	天上圣母	
28	叶坑天后宫	十方镇叶坑村	清	乡民合建	天上圣母	
29	下坊自然村崇福奄庙	十方镇乐畲村	明	乡民合建	妈祖	
30	水口天后宫	十方镇梅坑村	不详	乡民合建	妈祖	
31	水口天后宫	十方镇和平村	不详	乡民合建	妈祖	
32	天后宫	十方镇处明村	清	乡民合建	妈祖	
33	鲜水潭天后宫	十方镇鲜水村	不祥	乡民合建	妈祖	已有200多年历史，1985年重建
34	妈祖庙	十方镇鲜南村	清	乡民合建	妈祖	1996年重建
35	万松庵妈祖庙	十方镇高梧村	不祥	乡民合建	妈祖	2006年重建

续表

序号	庙名	地址	始建年代	创建人	供奉	备注
36	天后宫	十方镇集贤村	1940年	乡民合建	妈祖	
37	西湖寺	十方镇十方村	明	信士修建	妈祖	2016年重修扩建
38	宝长山水口宫	武东镇陈埔村	清	众乡贤合建	妈祖太太	二尊妈祖像
39	朝阳山庙	武东镇黄埔村	清	众村民合建	妈祖	
40	蕉坑里求福山寺太太庙	武东镇三峙村	1999年	众信士合建	妈祖娘娘	
41	太平山寺	武东镇袁田村	元末明初	林奇英公（即林奇卿）修建	妈祖	
42	万民庵	武东镇炉坑村	不详	众村民合建	天上圣母	
43	长安山庙	武东镇炉坑村	不详	饶氏修建	妈祖太太	20世纪80年代重修
44	饶屋通云山庙	武东镇炉坑村	不详	村民合建	天上圣母	
45	溪东自然村妈祖庙	武东镇六甲村	明	村民合建	妈祖	
46	溪西自然村妈祖庙	武东镇六甲村	明	村民合建	妈祖	
47	八界大王	武东镇美和村	不详	村民合建	妈祖太太	
48	阳鸟山	武东镇张畲村	清	众乡贤合建	妈祖神	
49	宝圣寺	武东镇袁下村	不详	村民合建	天上圣母	

续表

序号	庙名	地址	始建年代	创建人	供奉	备注
50	龙凤山寺	武东镇安丰村	明	林姓修建	妈祖	
51	三层宫	武东镇四维村	清	王氏修建	妈祖	已毁，仅存遗址
52	互助村天后宫	中堡镇互助村	不详	信众合建	天上圣母	
53	罗助天后宫	中堡镇罗助村	清	信众合建	天上圣母	2002 年重建
54	圣母宫	中堡镇林坊村	清	信众合建	天上圣母	1995 年重建
55	福寿庵妈祖殿	中堡镇悦洋村	清	信众合建	天上圣母	1983 年重建
56	水口天后宫	中赤乡育平村	清	信众合建	妈祖娘娘	
57	莲湖庵	中赤乡上赤村	清	信众合建	妈祖娘娘	改革开放后重建
58	万营妈祖庙（水口宫）	中赤乡万营村洽贝自然村	清	由刘、兰、修三姓合建	妈祖娘娘	
59	石营村天后宫	下坝乡石营村	不祥	林姓修建	妈祖娘娘	已毁
60	妈祖庙	下坝乡乡政府所在地	清	邱、陈等姓氏合建	妈祖娘娘	1982 年重修
61	下坝村天后宫	下坝乡下坝村	清	不详	妈祖娘娘	1982 年重建
62	大洋泉天后宫	湘店乡湘洋村	清	乡民合建	妈祖圣母	

续表

序号	庙名	地址	始建年代	创建人	供奉	备注
63	湘湖天后宫	湘店乡湘湖村	不详	乡民合建	妈祖	
64	七里王屋天后宫	湘店乡七里王屋村	不详	乡民合建	妈祖	已有200多年历史
65	大溪桥	湘店乡湘洋村	不详	乡民合建	天上圣母	
66	村水口妈祖庙	湘店乡尧山村	清	乡民合建	妈祖圣母	
67	大化天后宫	湘店乡店下村	2011年	信众合建	天上圣母	
68	云华山寺	湘店乡三和村	不详	乡民合建	天上圣母	
69	保安宫	湘店乡三和村	清	乡民合建	妈祖圣母	
70	天后宫	桃溪镇湘里村	明	王刘李周邱等信众合建	妈祖	有古碑文、传说故事
71	天后宫	桃溪镇新贡村	2011年	信众合建	妈祖	
72	天后宫	桃溪镇湘坑村	明	信众合建	妈祖	1982年重修
73	村口妈祖桥	桃溪镇洋畲村	清	村民合建	妈祖	2015年重修
74	村中天后宫	桃溪镇湘溪村	清	蓝姓修建	妈祖	古碑文一块
75	小澜村天后宫	桃溪镇小澜村	清	张姓等合建	天上圣母	
76	亭头村天后宫	桃溪镇亭头村	不详	村民合建	妈祖	

续表

序号	庙名	地址	始建年代	创建人	供奉	备注
77	湘村妈祖庙	大禾乡湘村	明	刘、陈朱钟等姓氏合建	妈祖	2001 年重修
78	圣母宫（上坪村水口）	大禾乡上湖村	清	村民合建	妈祖太太	2008 年重修
79	天后宫	大禾乡龙坑村尾水口	民国年间	村民合建	天上圣母	
80	护民庵	大禾乡邓坑村冷水自然村口	明	村民合建	天上圣母	内设妈祖殿
81	大坪山寺	大禾乡邓坑村大坪山上	1970 年	信众合建	天上圣母	内设妈祖殿
82	田心寺天后宫	永平镇昭信村	清	众姓合建	妈祖	
83	禅隆寺	永平镇梁山村	不祥	众姓合建	妈祖	1987 年重建
84	善兴寺	永平镇帽村仙	清	方姓修建	妈祖	
85	岗背文庵	永平镇岗背村	明末	刘姓修建	妈祖	
86	峰灵宫	永平镇塔里村	1987 年	信众合建	妈祖	
87	天民山寺妈祖庙	永平镇孔下村	清	众姓合建	妈祖	
88	龙归磜妈祖庙	永平镇龙归磜村水口	明末	村民合建	妈祖	
89	村尾水口三官堂妈祖殿	象洞镇东寨村	清	乡民合建	妈祖	1985 年重修

续表

序号	庙名	地址	始建年代	创建人	供奉	备注
90	村口福寿庵	象洞镇东寨村	1986年	信众合建	妈祖	妈祖像是站立的
91	溪头圩夫人庙	民主乡民主村	不祥	乡民合建	妈祖	供奉三尊神像

注：搜集者：饶正英

编后记

“赤日炎炎似火烧。”在这奇热的“三伏夏日”，我们终于挥汗编就了这本小书，为此，内心感到凉爽和欣慰。

古代时，吾邑妈祖女神庙几乎遍布全邑各个村庄，反映了吾邑民众勤劳朴实、好德向善的民风民俗。我们正是出于此目的，编成本书。

编辑本书时，我们借助了网络上的一些资料和文章，有些文章因联系困难而未征询作者本人意见，在此，我们一并向各位作者表示衷心的感谢和歉意。请看到本书的作者与我们联系。

编辑本书时，我们从众多本地作者来稿中选辑了部分篇章，难免有遗珠之憾，特向已付出辛勤劳动但稿件未入选的作者们表示谢意和歉意！

本书自策划至定稿，历时只有半年，难免有不足之处，敬请读者们校正和鉴谅！

编 者

2020 年 7 月